Ignaz Gaugengigl

Erklärung der König-Ludwigs-Inschriften in der Münchner Glyptothek

Ignaz Gaugengigl

Erklärung der König-Ludwigs-Inschriften in der Münchner Glyptothek

ISBN/EAN: 9783743391949

Hergestellt in Europa, USA, Kanada, Australien, Japan

Cover: Foto ©ninafisch / pixelio.de

Weitere Bücher finden Sie auf **www.hansebooks.com**

Erklärung

der

König-Ludwigs-Inschriften

in der

Münchner Glyptothek.

Von

Gangengigl.

I. Der assyrische Saal.
II. Die assyrischen Keilinschriften.
III. Der Königspalast zu Kalah.
IV. Die Beleuchtung des Palastes.
V. Schlussserklärung.

MÜNCHEN

In Commission bei Cäsar Fritsch

1870.

Akademische Buchdruckerei von F. Straub.

Den Herren

Dr. Altenhöfer, Dr. Fröbel und Dr. Kuhn,

den Männern,

welche meine grosse Arbeit und die nachstehenden Umrisse derselben unbeirrt förderten,

ein Zeichen schuldigen Dankes

vom **Verfasser.**

Der Herr Joseph Grivel, w. Tresorier zu Freiburg in der franz. Schweiz hat in seiner „sogen. Antwort": A. A. Z. vom 7. Mai 1869 an den Unterzeichneten unter Anderm auch behauptet „die Münchner Inschriften seien so unvollständig, dass man ohne den Text von Zürich dieselben nicht vollständig zu entziffern im Stande wäre"; dann „Bis dahin, d. h. bis zur Veröffentlichung des Zürcher Textes und seiner Erklärung (durch Grivel) verstand Gaugengigl nichts von den Keilschriften." — Hiebei bezieht Grivel sich auf die Münchner Correspondenz vom 10.: „Anerkennung der Verdienste Gaugengigls um die Entzifferung der assyr. Keilinschriften durch S. M. König Ludwig II." und vom 18. Januar 1869 der gen. Zeitung: „Die Erklärungsversuche Gaugengigls" betreffend.

Durch letztere Bezugnahme sucht Grivel Gaugengigls Arbeit, durch erstere aber die Allerhöchste Anerkennung derselben öffentlich und in der weitest verbreiteten Zeitung zu verdächtigen, d. h. mit andern Worten, Grivel wagt es, in I. Linie das

VI

Gutachten der hohen k. Akademie der Wissenschaften, in II. Linie die höchste Anerkennung jenes Gutachtens durch das k. Cultusministerium, und in III. Linie die Allerhöchste Würdigung jenes anerkennenden Gutachtens durch das Kabinet S. M. des König Ludwig II. öffentlich zu — perhorresciren. Durch jenen Angriff auf die Integrität der gen. Inschriften und ihre Erklärung hat der Franzose nicht allein gegen die bayerischen hohen und höchsten Stellen, sondern auch an den beiden Majestäten, König Ludwig I. als den Erwerber und König Ludwig II. als den Besitzer der kostbaren Keilwerke sich vergangen. Jener Ausländer hat dieses getan, nachdem er zuvor gegen ein Landeskind bei den genannten k. Stellen mit seiner Arbeit sich vorgedrängt, mit einer in Wirklichkeit so bedeutungslosen als fehlerhaften Arbeit! und nachdem er auf Grund eben dieser Arbeit um einen bayerischen Orden zu ambitioniren gewagt hatte.

Die Würde der Wissenschaft, das hohe Interesse an dem assyr. Saale und seinem wertvollen Inhalte und damit an München und an Bayern, die Pflicht gegen die hohen und höchsten Behörden, die Dankes-Pflicht gegen das Andenken an **König Ludwig den Ersten** und gegen die Majestät **König Ludwig des Zweiten** erforderten, jenem Gebaren entgegen zu treten. Hiezu hielt sich der davon besonders Betroffene vor allen Andern besonders für berechtigt und für verpflichtet. Er hat es in der ausführlichen Schlusserklärung auch gethan. Und wenn er darin die Namen von so hochgestellten wie ehrenfesten Männern vorgeführt hat, so ist dieses nicht jener Persönlichkeit*) gegenüber, sondern im Interesse und zum Schutze der durch sie verletzten Warheit geschehen. — Dixit

Gaugengigl.

---

*) Damit und mit der geschichtlichen Darlegung des ganzen Hergangs soll keinerlei Beleidigung noch sonst eine Anzüglichkeit geübt werden. Im Gegentheil möchte man ihr zu weites Vorgehen damit einigermassen entschuldigen, dass sie von hier aus so sehr in Sachen des assyr. Saales als in Bezug auf meine Person beirrt worden ist.

Vorrede[1]).

Die nachstehende Arbeit ist der Auszug von: „Ausführliche Erklärung des assyrischen Saales und seiner Inschriften in der kgl. Glyptothek zu München." Die Pflicht der Dankbarkeit erfordert zuerst des Mannes, der zu dessen Veröffentlichung seit Jahren mit Rath und That so wolwollend als unbeirrt mir zur Seite gestanden, des k. Ministerialrathes Herrn Dr. von Schönwerth, und sodann auch jener Förderer hier öffentlich zu gedenken, welche aus den Ruinen von Ninive, Babylon, Persepolis etc.[2a]) die alten, Jahrtausende verschollenen fünf grossen Monarchien d. h. die nach Zeit u. Ort weit auseinanderliegenden Schöpfungen 1) von 9[3a]) altchaldäischen, 2) von 32[3a] [3bc]) assyrischen, 3) von den medischen, 4) von 27[3c]) babylonischen und 5) von den zahlreichen[3a]) altpersischen[3b]) Königen ausgegraben und geordnet haben. Engländer: ein Layard u. Rawlinson etc. haben die vom Franzosen Botta u. Mohl[4]) aufgegebenen Ausgrabungen wieder aufgenommen. Franzosen: ein Oppert[5]) u. ein Vict. Place etc. haben die aufgenommene weiter geführt d. h. diese Männer haben auf Grund ihrer bisherigen Ausgrabungsergebnisse die verloren geglaubten Mittelglieder[6]) zwischen der altturanischen, d. h. skythisch[7])-chinesisch-altägyptischen u. der altiranischen d. h. altgriechisch-lateinisch[8])-germanisch-slavischen Cultur mit ihren vier⁹) verschiedenen Sprachen wieder aufgefunden u. in ihre einstigen Zeit- und Ortsverhältnisse wieder eingefügt u. so gleichsam neu construirt. — So ergiebig nun das Studium der Quellenwerke dieser geistreichen u. inductionsfähigen Gelehrten für meine Arbeit auch war, ebenso verfänglich[9a]) ist es. Verfänglich[9b]) aber ist das Studium der genannten Quellen[9b c]) desshalb besonders, weil diese aus der Anschauung von fremd- und bruchstückartigen[9d]) Gegenständen u. aus den diese begleitenden, nichts weniger als immer sicher[9e]) gelesenen Keilinschriften fliessen[9e]).

Es ist daher zur Aufrechthaltung der aus solchen Quellen geflossenen Ergebnisse nothwendig u. zwar nicht allein dem gelehrten Laien in diesen Dingen sondern ganz besonders auch dem Fachmanne gegenüber hervorzuheben u. aufmerksam zu machen: 1) auf die Natur[10]) der im Anhange gebrachten zahlreichen[11]) gelehrten Nachweise und Beweisstellen; 2) auf den innern Zusammenhang der 4 Abhandlungen, welche aus jenem Ergebnisse hervorgegangen sind und 3) auf die Wichtigkeit[12]) und die besonderen Schwierigkeiten[13a b]), welche ihnen innewohnen und sie begleiten.

1) Das Befremdende und scheinbar Wesenlose des assyrischen Saales und seines Inhaltes im Allgemeinen ist scheinbare Thatsache. Wirkliche Thatsache aber ist das Köstliche[13a]) und das Werthvolle[13b]) von beiden im Besonderen. — Vom Ersteren wird der Beschauer sich auf den ersten Blick überzeugt halten; das Letztere wird er nur dann erst, und nur bis zu einem gewissen Grade glauben, wenn er den Inhalt und den Zusammenhang der

vorliegenden 4 Arbeiten verstanden d. h. die Mühen an denselben sozusagen selbst mitgemacht und [13c]) mitüberstanden hat.

2) Die sieben Basreliefs im assyrischen Saale überragen die übrigen Erwerbungen König Ludwigs I. in den 13 Sälen der Glyptothek, auch die ägyptischen [18]) nicht ausgenommen durch ihre Altertümlichkeit ebenso sehr als durch die Wichtigkeit des Inhaltes der sie durchkreuzenden Keilinschriften für Mythologie, Geschichte, Geographie und Sprachwissenschaft. [13d 14])

3) Aber auch die Schwierigkeiten, welche die Erklärung der Keilschriften im Allgemeinen und der assyrischen Inschriften insbesondere darbieten, sind seltener Art [15]). Stellt dieses doch der hartnäckige Widerstand schon theilweise klar, welchen die Keilgruppen im Gegensatz zu den Hieroglyphen überhaupt dem Scharfsinne ihrer Erklärer seit Tausenden von Jahren entgegensetzen: von dem lachenden Philosophen zu Abdera, Democrit, vor 2000 Jahren an bis zu den Franzosen Chardin vor 200 Jahren; von dem deutschen Gelehrten Niebuhr, am Ende des vorigen, bis zu dem deutschen Gelehrten Grotefend, dem eigentlichen Begründer der Keilstudien am Anfange dieses Jahrhunderts. Die Vertreter [16b]) der auf beiden Letzteren, dann auf dem Franzosen Bournouf und dem Deutschen Lassen, wie auch auf dem Schweden Rask [16a]) und auf dem Dänen Westergaard fussenden englischen und französischen Schulen [16b]) lassen sich bezüglich der Schwierigkeiten des Keillesens also vernehmen:

Hincks durch Chabas: „Tous les travailleurs reconnaitront de bonne foi avec moi qu'il est im-

XII

possible de ne pas se tromper et qu'aucune des traductions connues est à l'abri de critique;"

Rawlinson: „I will frankly confess in deed that having mastered every babylonian letter, I have been tempted on more than one occasion to abandon the study (of more than 20 years) in upper despair of arriving at any satisfactory result" und Oppert: „mais quant aux groupes ideographiques on est dans la plus part des cas condamné à commettre une erreur".

4) Klargestellt werden diese Hervorhebungen aber erst durch eine kurze Beleuchtung der Verhältnisse zwischen der irrthümlich[16a]) für älter angesehenen ägyptischen Hieroglyphenbilderschrift und der in der That älteren[16d]) altchaldäisch-assyrischen Keilbilderschrift:

a) Die assyrische Keilschrift, die älteste der drei Gattungen[17a]) ist aus der noch älteren altchaldäischen Keilbilderschrift entstanden[17a]), die zur Zeit des Königs Urukh[17b]), des Ovidischen Orchamus[18]) d. h. mindestens bei 5000[19] [20a]) Jahren a. Chr. nicht mehr reine Bilderschrift, sondern zum Theil und nebenbei schon Silbenschrift gewesen, während die ägyptische Bilderschrift damals erst im Werden begriffen war; jene muss, um begriffen zu werden, zuerst zerlegt und auf ihre ursprünglichen altchaldäisch-chinesischen Bilder zurückgeführt sein[20b]), diese stellt die ursprüngliche Idee kurzer Hand und unverkennbar klar und durch alle Perioden ihrer Existenz unverändert vor die Augen ihrer Erklärer. Jene hat also mehrere Entwicklungsphasen, diese dagegen keine Phase der Alterthümlichkeit durchgemacht, wenn man nicht die nebenherlaufende und erklärende hieratisch-demotische als solche ansieht.

b) Die Sprache, welche die ägyptische Bilderschrift birgt, ist nur Eine und existirt und lebt selbst heut zu Tage noch in der Kirchensprache des ägyptischen Volkes der sogenannten Kopten fort; der Sprachen hinter den altchaldäischen Keilbildern und hinter den assyrischen Keilgruppen dagegen sind 4[21]) und gehören zwei grossen, für uns in ihren ursprünglichen Formen längst untergegangenen und scheinbar verlornen Sprachkreisen, dem Altturanischen[24]) und Altsemitischen[24]) an. Die Sprache der Hieroglyphen ist also als einfache noch wol erhaltene leicht zu erlernen und sicher zu verstehen, während die Sprachen der Keilschriften aus den heutigen finisch-tartarischen und semitischen Sprachkreisen erst wiedererschlossen und neu construirt werden müssen[22][23]).

c) Endlich kömmt dem Verständnisse des Inhaltes der altchaldäisch-assyrischen Inschriften kein Manetho, kein Plutarch, kein Eratosthenes etc. zu Hülfe, wie dieses bei den Hieroglyphen in so ergiebigem Masse der Fall ist.

d) Auch ist diese letztere Thatsache zugleich der sicherste Beweis der grösseren histor. Entlegenheit der Ersteren hinter den Letzteren.

e) In den Werken der griechischen und römischen Classiker sind die ägyptischen Götternamen der Hieroglyphen daher auch erklärt und identificirt, die altchaldäisch-assyrischen in den Keilschriften dagegen müssen eben erst aus diesen eruirt sein, um mit jenen der Klassiker identificirt zu werden.

XIV

f) Die Dynastien der ägyptischen Könige in den Hieroglyphen sind von den griechisch-lateinischen Schriftstellern eben darum auch bereits classificirt, die Königsnamen ebendaselbst auch identificirt; nicht so dagegen die der Keilinschriften. Hier ist Classification und Identification erst nach vorausgegangenem gründlichen Verständnisse der Keilinschriften aller Gattungen und aller Perioden möglich; kurz: dem Aegyptologen ist in den griechischen und römischen Classikern der Hauptinhalt der Hieroglyphen im Voraus und in verschiedener und entschiedener Art und Weise an die Hand gegeben; dem Keilleser überhaupt und dem Assyriologen insbesondere ist dagegen der Inhalt der Keilinschriften nachgerade unbekannt, d. h. er ist erst zur Stelle zu schaffen. Ein Beispiel statt vieler hiezu in IV. Beleuchtung[24b]); dann in der Schl. Erkl.[25]). Unter so bewandten Verhältnissen und Umständen war es einerseits eine schwere Aufgabe für die Keilleser, so ausgiebige Mittel des Verständnisses zu schaffen, wie es anderseits keine leichte Aufgabe ist, die in ihren[26]) so zahlreichen als umfassenden Werken[26]) zerstreuten Bestandtheile in diesem gegenwärtigen zwar kleinen, aber inhaltsschweren Auszuge in ein organisches und harmonisch geordnetes Ganzes zusammenzufassen, zu ordnen und so wiederzugeben, dass der Leser dabei nicht allein belehrt, sondern auch unterhalten werde. In letzterer Hinsicht war es daher auch nothwendig, aus dem ausführlichen Werke nur die unentbehrlichsten gelehrten Nachweise und Beweisstellen zu bringen, um durch zu viele, den Text durchlaufende Ziffern ihn beim Lesen nicht zu stören.

XV

Endlich muss noch bemerkt werden, dass der leidigen Geldfrage wegen nur die Citate der Nachweise, nicht diese selbst, oder nur die unvermeidlichsten in diese Arbeit herübergenommen, aber nicht an den Fuss des Textes gesetzt, sondern in den Anhang verwiesen sind. Letzteres ist deshalb geschehen, weil, wie bereits angedeutet, der Zusammenhang für den Laienleser nicht gestört, für Gelehrte aber der Vortheil geboten werden wollte, ihnen die benützten Quellen möglichst übersichtlich vor Augen zu bringen.

München, August 1870.

Gaugengigl.

---

1) Vrgl. Schlusserklärung! — 2ᵃ) Nur die Hauptfundgruben seien genannt! — 2ᵇ) Nach König Sargon: 350 Vorgänger! — 2ᶜ) = 1! Absatz 13, bes. Anmerkungen! — 3ᵃ) Diese Zahlen sind nicht als geschlossen zu betrachten; vielmehr ist man auf Grund weiterer Forschungen zu ihrer Erweiterung u. natürlich auch mancher Berichtigung berechtigt. — 3ᵇ) Vrgl. w. u. No. 4. a—f.! — 4. Unser geistreicher Landsmann Herr Dr. Mohl hat die Arbeiten des franz. Consul Botta geleitet. — 5) Ebenfalls ein Deutscher, aber in franz. Diensten u. einer der geistreichsten Keilleser. — 6) Vrgl. Assyriologie: Südd. Presse, No. 99, 100, 1869! — 7) Dahin gehören bes. die Medo-Casdo-etc.-Skythen! — ⁸) D h. die Italo-etc.-Kelten! — 9) Rawl. 5 gr. Monarch. Iᵃ 77—87 (Altchald.); Iᵇ 328—347 (Assyr.); III. 137 157 (Med.); III = Iᵇ (Babyl. = Assyr. Spr.); IV. 209—232 (Altper.): freilich nur äusserst dürftige u. mitunter, bes. die med. Sprache betref auch nicht immer richtige Entwürfe. — — 9ᵃ) Vrgl. Vict. Place: Ninive et l'Assyrie I. p. II, VII; p. 2 ff., 7 ff.: ein so unwissender u. unverschämter Franzose für den der sein „prachtvoll ausgestattetes" Werk studirt u. mit andern verglichen hat, als seine Gegner, die Engländer, bescheiden u. gelehrt sind! — 9ᵇ) IV Beleucht. des Palastes! — 9ᶜ) Vrgl. Inscript. cu-

neif. de Zürich u. II. Erkl. bes. die Beweisstellen im Anhange; IV. Beleucht. bes. S. 35 u. 36, u. Anm. dazu! — 9[d]) Layard: Monum. I. II. passim! — 10) Die freilich im blossen Ausz. als blosse Andeutungen in voller Wirksamkeit für jeden Leser gleich kräftig nicht hervortreten. — 11) Wohl über 400 mit den unvermeidl. Wiederholungen! — Sieh Anhang, bes. zu II. Saal! —' 12) S. w. u. No. 4 a—f.! — 13[a]) Vrgl. I. Erklär. des Saales. — 13[b]) IV. Beleucht. — 13[c]) Anh. bes. Anmerk. zu II. Erklär. der Inschr. — 13) Vrgl. B. Z. No. 163, 249, 1867! u. IV. Beleucht. bes. S. 35, 36! — 14) = 9! — 15) Vrgl. Bem. zu II. Erkl. d. Inschr. u. IV. Beleucht. bes. X. S. 32 ff.! — 16[a])? — 16[b]) D. h. die oben genannt. Franzosen u. Engländer, wozu von diesen noch besonders Norris, von jenen aber Ménant auszuzeichnen sind. Letzterer hat uns nebst Dr. Oppert eine ausgezeichnete assyr. Grammatik, ersterer ein vortreffliches assyr. Wörterbuch geschenkt. — 16[c]) Nach Sargon bei Rawl. II 242: 350 Vorgänger; wenn nun einer nur 10 Jahre regiert hatte, so macht dies 3500 Jahre vor Sargon, d. h. 722 + 3500 = 4222 Jahre v. Chr. Dass es sich mit den vor u. nach den Assyriern lebenden Königsreihen der Chaldäer, Babylonier, Meder etc. nicht anders verhalte, das wird im ausführlichen Werk gezeigt werden. — 16[d]) S. Rawlins. 1. 198—225 u. oben Anm. 3[a,b], 2[a,b]! — 17[a]) Vrgl. Südd. Presse, No. 99, 100, 1869! — 17[b]) Rawl. I. 199!,— 18) Ovid. I. 197 (?)! — 19) Ovid. IV. 212—213! — 20[a]) Diese Ovidische Stelle will doch anderes nicht wohl besagen u. bezeugen, als dass die alten Chaldäer schon 7 Generationen vor dem alten König Orchamus, d. h. unter dem noch ältern Könige Bil (späterer Gott: Baal), Belnimrod, Bilniprut — Rawl. I 24, 148, 195, 217 etc. bes. 189 ff. — schon gebildete Leute waren, u. sich jener Bilderschrift erfreuten, die bekanntlich — Südd. Presse, No. 99, 100, 1869 — in den uns unter den Namen Schlüsseln erhaltenen uralten 240, sp. 214 chinesischen Schriftbildern ihr Verständniss haben. — 20[b]) Vrgl. IV bes. S. 33 ff. — 21) = 9. — 22) Südd. Pr. No. 99, 100, 1869. — 23) IV. Beleucht. bes. S. 35, 36, u. Anm. dazu. — 24[a]) Südd. Presse, No. 99 u. 100 v. 1869, bes. Schluss! — 24[b]) S. 31, bes. 35, 36, Anm. u. Schl. Erkl. Anm. 41! — 25) Abs. 14. Anm. 14[b]! — 26) Eines Botta, eines Ménant, eines Oppert, eines Vict. Place etc.; eines Layard, eines Rawlinson, eines Hincks, eines Norris etc.

I. Erklärung

des assyrischen Saales[1] in der Münchener Glyptothek[2].

I. Gegenüber dem Hauptportale öffnet sich der Eingang in den zwar kleinsten und unanansehnlichsten, aber in Hinblick auf die Alterthümlichkeit und auf die Bedeutsamkeit seines Inhalts wohl wichtigsten und merkwürdigsten unter den XIV[3] Sälen des berühmten Kunstgebäudes[4].

II. Um nun diesen Saal und seine Kunstwerke, die den Beschauer anfänglich so unscheinbar als befremdend anblicken, gleich von aussen schon zu kennzeichnen, ist über dessen Eingang ein Relief angebracht, das in getreuer Nachbildung das wichtigste von den zahlreichen[5] Symbolen und Emblemen der assyrischen Religion, das Emblem des höchsten unter den 13[6][7] Göttern der Assyrier, das des Gottes Aschschur[8][9] und den sogenannten Baum des Lebens[10] zwischen zwei Genien, den Repräsentanten des Guten[11][12][13][14][15], darstellt.

III. Zum Schmucke[16][17] des Einganges selbst aber dienen die rechts und links mit der Architektur verbundenen 2 kolossalen, geflügelten Löwen mit ihren ebenso zierlich als kräftig bebarteten und energisch blickenden Männerköpfen.

IV. Was nun ihre Bedeutung betrifft, so wird der denkende Beobachter, auch ohne die Kunde von dem Inhalte der Keilinschrift [18][19] auf dem Hintergrunde des einen von ihnen [20a][20b] wohl schon von selbst vermuthen, dass diese Riesengestalten [21a][21b][22][23] keineswegs blosse architektonische Zierden und Schmuckwerke, noch weniger aber das Erzeugniss einer überschwenglichen Phantasie, sondern zugleich und vielmehr die Embleme und Symbole für die höchsten religiösen Vorstellungen des assyrischen Volkes sind. — Die Aufgabe diesen so zahlreich vorkommenden Löwen- und der ihnen ähnlichen Stiergestalten war keine geringere, als den nach Aufklärung Strebenden, des durch und durch sinnlichen Volkes ohne geoffenbarte [24] Religion, unter Priestern und Priesterkönigen [25][26a][26b] die abstrakten Begriffe der „Wissenheit", der „Macht" und der „Gegenwart" eines höhern Wesens auch körperlich zu veranschaulichen. Denn wer möchte in den scharf blickenden Augen (1) unter der dreifach gehörnten [27] (1) Bedeckung des Männerkopfes auf dem mächtigen, von Sehnen und Muskeln so auffällig strotzenden (2) Löwenrumpfe (2) mit seinem weitausgreifenden (3) Flügelpaare (3) die Absicht verkennen, dass damit die Allwissenheit (1), die Allmacht (2) und die Allgegenwart (3) eines übermenschlichen Wesens [28] auch in übermenschlicher Art und Weise versinnlicht werden wollte? Und wenn auch, so müsste die hartnäckigste Zweifelsucht vor den bestätigenden Belehrungen in den hl. Schriften auf den zahlreichen mythologischen

Tafeln der Assyrier[29] und vor den nicht minder zahlreichen Beweisstellen hiefür in den hl. Schriften der Juden[30] dennoch zurückweichen.

V. Dass diese Repräsentanten des assyrischen Hauptgottes[31] in einen Farbenschmuck[32] wie der gegenwärtige, auch vor Tausenden von Jahren gehüllt gewesen waren, dieses geht aus dem hier Gesagten schon hervor, bezeugen die Farbenspuren an ihren Originalen im Louvre zu Paris und bestätigen die erklärenden Keilinschriften[33].

VI. Noch mehr: Von den Schwellen ähnlicher Pforten, wie die, welche die gegenwärtigen Riesengenien bewachen, haben die Priester und Priesterkönige[34a] das assyrische Volk schon Jahrtausende früher unterrichtet als eben dieses seine von den Chaldäern[34b] empfangene Weisheit an die Babylonier[35], Meder[36] und Perser[37a] und durch diese an das alte Griechenland hinwiederum abgegeben hatte.

VII. Lange vor der Zeit, da das alte Rom gegründet ward, hatten jene Könige und Priester, die Zeitgenossen dieser gegenwärtigen Wächter sich bereits zur Ruhe gelegt gehabt.

VIII. Und dass diese Wächter ehe sie aus dem Schutte von Ninive durch das Talent eines Layard Botta und Oppert an das Tageslicht und durch die königliche Munifizenz des unsterblichen Ludwig I. von Britannien an diesen Ort gebracht worden waren, in eben jenem Schutte bereits nahe an 30[37b] Jahrhunderte begraben waren, dieses lehrt die Weltgeschichte; dass sie, richtiger ihre Originale in Paris die nämlichen sind, welche Sardanapal vor etwa 3000[38a] Jahren· an den Eingang seines Palastes in seiner Hauptstadt, dem uralten Calah hingestellt hat, das beurkunden die ihnen von demselben Könige beigegebenen zahlreichen Keilinschriften [38bc 39 40]. — Der Saal selbst:

IX. Die Dekoration des Saales selbst schliesst sich an die assyrische Bauweise an. Der Fussboden ist mit glasirten färbigen gebrannten Steinen nach assyrischem Muster [41 42] belegt. Die bemalten Friese zeigen, der eine das orientalische Palmenornament [43a], der andere eine Verbindung der fälschlich [43b] sogenannten Pinienzapfen [43c] mit den Blüthen [43d] vom bereits erwähnten Lebensbaume. Letztere sind Symbole der Befruchtung [43d], erstere der Frucht [44] am genannten Baume, d. h. Symbole der Verkörperung des Willens Aschschurs [45 46 47a].

X. Die Plafonddecke ist in asiatischer Holzstruktur ausgeführt und die Wandflächen zwischen den sieben Originalbasreliefs sind mit gemalten Nachbildungen [47b] anderer [47c] und zwar der wichtigsten Originaldarstellungen nach Layard [48a] aus der assyrischen Culturgeschichte [48b] ausgeschmückt und zwar:

XI. An der Eingangswand, durch den Eingang getheilt, aber zusammengehörig 1) Transport eines Granit- oder Alabasterblockes [49] von 20 C′ [49] und 8000 Zentnern Gewicht [50], einen Stierkoloss mit Menschenkopf darstellend [51], welcher unter der Aufsicht und Leitung [52a] des Königs Sinnachirib, Sancherib = Sin-Akhi-Rib, (Deus) Sin fratres auge [52b] von 300 [53a] Sclaven [53b] und Kriegsgefangenen [53c] mittelst 3 Seile [54] woran je 100 Mann [54], über eine Höhe von 100 Fuss [55] auf künstlich gewonnener Weghänge [56 57] zu der ihm bestimmten Bauterrasse [58] hinaufgeschafft wird[59]. — Kunyundschick[60]. Dagegen:

XII. Aus Nimrud[61]: 2) Ueber der Darstellung von Sinnachiribs Stiertransport a) links: Assyrische Krieger auf 3spännigem Wagen. Diese Krieger sind dargestellt in dem Momente, da sie eben ihre Pfeile abschiessen. Vor ihren Pferden stehen drei feindliche Männer, von denen der eine um Gnade und Schonung bittet, während seine Gegner unerbittlich auf ihn losschiessen. Unter den drei Pferden liegt ein bereits erlegter Feind. b) rechts: Löwenjagd des assyrischen Königs Sardanapal[62].

Der jagende König ist dargestellt, wie er bei vollstem Pferdelauf sich rückwärts[63] wendet und seinen Pfeil gegen einen Löwen absendet[63], der den Wagen selbst bereits angegriffen hat[63]. Ein anderer Löwe liegt kampfunfähig zwischen den Füssen der Pferde[63].

Zwei[63] Jäger eilen inzwischen mit Schild und Jagdmessern[63] bewaffnet dem Könige zu Hülfe, während der Wagenlenker[64] den vorwärts strebenden[64] Pferden in ihrem Laufe Einhalt zu thun bemüht ist[64]. Ausdrucksvolleres als die Wuth in Stellung und Miene[64] des schon vierfach[64] angeschossenen Löwen nach seinem misslungenen[64] Ansprung wider den königlichen Jäger zeigt ausser diesem Bild der Sammlung König Ludwigs kein anderes mehr. Naturgeschichtlich merkwürdig ist auch der Klauenknopf[65] an der Schweifspitze[65] des assyrischen Löwen. Eine Eigenthümlichkeit die noch heute an einer gewissen Species dieser schon vor 3000 Jahren dort vorhandenen Thiere in jenen Gegenden vorkommen soll[65].

Das Durchdachte und zugleich Naturgemässe dieser beiden Scenen, als den vollendetsten Repräsentanten der assyrischen Kunst[66] lässt es nicht als übertrieben erscheinen, wenn Sardanapal in seinen mit Keilschrift geschriebenen Berichten ebenso ausführlich als naiv erzählt, wie er einmal zwanzig Strausse auf seinen Jagden erschossen und ebensoviele lebendig gefangen habe und wie er ein anderesmal sogar 50 grosse und wilde Bullstiere eigenhändig erlegt und acht solche aber im Ringkampfe gebändigt und lebend in seinem Thiergarten nahe der Hauptstadt[67] Calah seinem Volke zu Schau[67a] und Belehrung ausgestellt habe[67b].

XIII. Ferner sind zwischen den Reliefs A und B, dann F und G je zwei Löwen, zwei Sphinx- und zwei Gnu-Arten[68], über C und E zwei weibliche Sphinx-Arten[69] und endlich auf den obern Theilen des Saales in den Ecken zwischen den Fenstern noch acht geflügelte, an Gestalt sich nicht unähnliche Genien mit verschiedenen Attributen angebracht[70]. Diese Genien nach Hunderten in den Palästen der assyrischen Könige aller Zeiten vertheilt, welche nach ihren jeweiligen Funktionen, gerade in der Art und Weise ihres höchsten Gottes Aschschur (vergl. Schluss) mit verschiedenen Attributen versehen, jenen bei ihren Unternehmungen rathend und helfend zur Seite stehen, sind während sie in der christlichen Kunstwelt als jugendliche, durch ihre Schönheit ausgezeichnete Geister erscheinen, bei den Assyriern stets in vollem Mannesalter mit geistigem Ernste und leiblicher Kraftfülle vorgestellt.

XIV. Die sieben assyrischen Basreliefs. Das Material ist gewöhnlicher Alabaster. Die fünf grösse-

ren sind 8¼[70a] Fuss hoch und 5½ Fuss breit; die
zwei kleineren, aber zugleich bemerkenswertheren,
welche ursprünglich mit dem dazwischen stehenden,
nun in zwei Hälften getrennten Lebensbaume ein
Ganzes gebildet haben, sind nur 4¼ Fuss hoch
und 3¼[70b] Fuss breit.

Angekauft hat sie der nun leider seinen Schöpfungen durch den Tod entrissene König Ludwig I. im Jahre 1863, von dem früheren Besitzer derselben, Her. Percy Badger[71]. Dieser hatte sie angeblich von Ninive, richtiger Nimrud nach London gebracht, von wo sie nach München gekommen sind. Ihr eigentlicher Fundort ist genau ermittelt[72].

Nach dem Inhalt der auf ihnen befindlichen umfangreichen Keilinschriften ist es gewiss, dass sie aus dem herrlichen Palaste[73][74] (nach Fergusson) des assyrischen Königs „Aschschurdanahabla", Sardanapals III, also nicht des Weichlings[75] stammen. Dieser Aschschurdanahabla, Aschschur-donavit filium, Theodat, aber herrschte in der uralten Stadt Calah, früher Nebenstadt von Ninive, unter ihm Hauptstadt des Landes, in der hl. Schrift[75b] schon erwähnt, von Xenophon[75b] Larissa genannt, und nun ein elendes Araberdorf — Nimrud[76a], freilich nach 2752 Jahren; denn Sardanapal hatte dort schon von 884 bis 859[76b] vor Chr. regiert.

XV. Diese sieben sonderbaren Denkmale assyrischer Kunst sind in flachem Relief, für ihr ungeheures Alter von nahezu 3000 Jahren in staunenswerther Schärfe und Deutlichkeit ausgeführt und erhalten, wie ihr Anblick zeigt. Der Zweck für den sie ausgeführt waren und die praktische Bedeutung, die sie hatten, war mehrfacher Art. Denn sie dienten zur Bekleidung der Palastwände [76c] in Calah, der innern zumal, und im letztern Falle zugleich auch als Dekoration [76b] derselben. — Sie mochten in dieser Eigenschaft mittelst ihrer buntbemalten zahllosen Linien und Striche [76c], und der sie durchkreuzenden, kupferfarbigen Keilzüge [76d] etwa die Wirkung der später üblichen orientalischen Teppichdekorationen geübt haben.

XVI. Relief A: Bärtiger geflügelter „Genius", dem religiösen Begriffe nach ein Schutzgeist ohne besondern Namen. — Nach Rechts gewendet. Von beiden Flügeln ist der eine erhoben, der andere gesenkt; eigentlich aber sind beide wie zur Thätigkeit, zum Fluge bereit. Die Kopfbedeckung ist zweifach gehörnt — (vergl. die Riesenwächter am Saaleingange!) —; gekleidet ist die Gestalt in ein Untergewand mit halblangen Aermeln. Das Gewand reicht bis zu den Knieen herab und läuft da in reiche Quastenfransen aus. Ueber diese Gewandung trägt sie einen enganliegenden Priesterrock, welcher um die rechte Hüfte und die linke Schulter gelegt ist, während die rechte Schulter und die Brust frei sind. Auch diesen Rock ziert ein breiter und reicher Fransenbesatz. — Sogar der nächste Raum nach innen ist mit entsprechenden (hier nicht so deutlich wie bei einigen anderen, der sieben Reliefsfiguren hervortretenden) gravirten Borten besetzt. — Die vorne herabhängenden langen und dicken zwei Doppelschnüre mit langen und dichten Doppelquasten daran vollenden die Pracht des priesterlichen Anzuges [76e].

Aus dem unter dem linken Arme über die rechte Schulter laufenden ornamentirten Rockbesatze sehen

Griffe von zwei Dolchwaffen zum Kampfe wider
die Schaitane oder bösen Geister[76c] hervor. — Die
sehnigen Füsse stehen in glatten Sandalen, die
sonst, gleich den Waffengriffen, Verzierungen haben.
— Die Ohren sind mit einem länglichten schweren
Schmucke behängt, den dicken und kräftigen Hals
und Nacken umspannt eine doppelgliedrige massive
Kette. — Die Arme tragen hinten am Ellbogen
und vorne an der Handwurzel — hier einen mit
einer Rose gezierten, dort einen einfach laufenden
ziemlich dicken Ring. — Die nach oben ausge-
streckte offene Rechte ist wie segnend (zum Gebete)
nach unserer Priesterart erhoben, während die tief
gesenkte Linke einen schweren reichverzierten Korb
mit der Opfergabe hält [76d] [77]. — Den Farbenschmuck
womit die Figur auf dem prächtig bemalten Relief
(vergl. die Riesenwächter!) natürlich ursprünglich
umgeben war, haben die Jahrtausende ihrer Ver-
borgenheit im Schosse der feuchten Erde selbst-
verständlich ganz und gar vernichtet.

XVII. Nach diesen glänzenden Attributen stellt
die Figur nichts Geringeres als einen mächtigen
Genius, und zwar einen guten[78a] und nach der
zweifach gehörnten Kappe[78b] einen der II. Ordnung,
d. h. einen Schutzgeist vor, der seinen Schützling
nicht vor dem höchsten Gott Aschschur, sondern
vor einem der diesem untergeordneten 12 Götter zu
vertreten hat. — Den Inhalt der Keilinschrift, welche
den Körper von der Brust abwärts wie bei den
übrigen ausser C—E durchkreuzt und siebzehn
Zeilen enthält, findet der Leser am Schluss[79] angedeutet und II. „Erklärung der Inschriften" auch
ausgeführt. —

XVIII. Relief B entspricht dem A, nur hat die Gestalt, welche nach links gewendet ist, zu den zwei Dolchwaffen auch ein Schwert[80] mit noch wohl kennbarer Griffverzierung an ihrer rechten Lende. Hals- und Armschmuck ebenfalls verschieden, letzterer ist mit sehr interessanten fischartigen Hundsköpfen[81] geziert. — In ihrer Linken hält sie statt des Opferkorbes einen Zweig mit fünf Blüthen. Dieser Blüthenzweig ist, als Bestandtheil des Lebensbaumes, des Symbols der Wiederversöhnung der gefallenen Menschheit mit der Gottheit, analog dem Weihrauch, dem Symbole des göttlichen Wohlgefallens in der christlichen Symbolik, und versinnlicht in seinem Wohlgeruche natürlich nicht anderes als das Symbol der Emannation der Gnad Aschschurs und damit die Bittgewährung des Opfernden.

XIX. Nach dem Causalnexus der assyrischen Symbolik versinnlicht nämlich der Opferkorb oder das sogenannte Offertorium, gleich dem Kelche in der christlichen Symbolik die „Darbringung" und die fälschlich*) sogenannte Pinienfrucht versinnlicht gleich der vom Priester angehauchten Brod- und Weinfrucht in der christlichen Symbolik, durch ihre Berührung des Lebensbaumes die „Transsubstantiation", das Verlangen nach der „Frucht-

---

*) Fälschlich desshalb, weil die Frucht trotz ihrer Aehnlichkeit mit dem Pinienzapfen, gerade so wie z. B. der besprochene Löwe, einer andern als der bisher geläufigen und unter dem Namen Fichte bezeichneten Species angehört. (Vergl. Figur 16 im Zimmer B des westlichen Theiles des Nimrodpalastes, Th. II von Layard Nin. and its Remains, und dessen I. Ser. Pl. 84 of the monum. of Niniveh).

barwerdung" nach dem „Amen" der Gebete des Opfernden. — Im innigsten Zusammenhang hiemit kann der Blüthenzweig, welcher von dem assyrischen Baume des Lebens, diesem Symbole der Wiederversöhnung und der Widervereinigung der gefallenen Menschheit mit der Göttheit, im Sinne der Somafrucht in den heiligen Veden, des gleichbedeutenden Homabaumes Zoroasters, des Baumes des Lebens in den hl. Schriften der Juden und der Inkarnation im neuen Bunde, genommen ist, als der Bestandtheil eben dieses assyrischen Lebensbaumes mit seinem Wohlgeruche natürlich nur den Ausfluss der Gnade des angerufenen Gottes bedeuten, und zwar gerade so wie der Weihrauch in der christlichen Symbolik mit seinem Wohlgeruche das Wohlgefallen des Allerhöchsten und damit die Annahme des Dank- oder die Gewährung des Bittopfers bedeutet.

XX. Dem Relief D entspricht B und A; F und G ebenso, mit Ausnahme der veränderten Stellungen; G ist der alleinige Dreihörnige; also Genius erster Rangordnung, d. h. Vermittler vor dem höchsten Gotte Aschschur. Gemeinschaftlich ist allen fünf Genien das Schweigsame der festgeschlossenen Unter- und Oberlippen im Gegensatze zu den Reliefs C und E mit geöffnetem Schnabel des symbolischen Vogelkopfes. Die Mitte dieser beiden, ursprünglich zusammengehörigen Reliefs nimmt der jetzt ebenfalls in zwei Hälften getrennte Lebensbaum ein. Dieser Baum bildet mit den beiden Gestalten ein überaus seltenes und für die Deutung der übrigen fünf Figuren sehr belangreiches Ganzes, welches allein das Verständniss und die Erklärung der inhaltsreichen Keilinschriften möglich machte. Dieses unscheinbare Ganze ist in seiner Gestalt als Doppelrelief eine wohl der seltensten Erscheinungen dieser Art und war im Palaste Sardanapals aufgestellt [63]. — Die zwei Reliefs entsprechen in Beflüglung und Gewandung den beschriebenen fünf andern im allgemeinen. Abweichend von diesen sind sie mit 26 anstatt 17 Keilzeilen, und statt abwärts von der Brust aufwärts gekreuzt. Ihr Inhalt findet sich übersetzt und erklärt in II. Erklärung der Inschriften.

XXI. Ferner haben sie an der Stelle des menschlichen Hauptes den Kopf des wachsamen und scharfsehenden Habichts mit Menschenhaar im Nacken und mit einem in Kammform über den Kopf empor starrenden Federbusche. Dem schweigsamen Lippenausdrucke der übrigen Genien entgegen fällt der offene Mund, die beredten Lippen und die bewegliche Zunge auf. Das Wichtigste aber ist die Stellung der Zungen und besonders die Verschiedenheit in der Biegung und Lage derselben in den geöffneten Schnäbeln bei diesen Genien. Vergl. weiter unten Nr. XXVI. Schluss.

XXII. Aus den bisherigen Andeutungen, dann aus den bildlichen Darstellungen in den Werken Botta's Layard's Luftus' und Rawlinsons und endlich aus ihren Ausführungen hierüber ist erkennbar, und es findet diese Erkenntniss in dem Inhalte der den assyrischen Kunstwerken beigegebenen Keilinschriften ihre vollste Bestättigung, dass 1) bei den alten Assyriern eine nicht geahnte Kunstthätigkeit schon vor dem Jahre 2000 v. Christus an bestanden hat, dass 2) diese Kunstthätigkeit in den Resultaten ihres Höhepunktes unter Sardanapal III. im 9, Jahrhundert vor Christus ein sorgfältiges, systematisches und langwieriges Studium voraussetzt und dass 3) zuletzt eine sinnvolle Absichtlichkeit ihrer Detailbehandlung zu Tage tritt, welche, man darf wohl sagen, an jedem uns erhaltenen Striche und jeder Linie derselben sich auf keine Weise verkennen lässt[83a].

XXIII. So findet sich das Eingangs dies berührte Emblem des Gottes Aschschur (אָשּׁוּר = אֶל־שׁוּר deus $\dot{\alpha}\mu\varphi\iota\beta\varepsilon\beta\eta\varkappa\omega'\varsigma$)[83b] immer in der Nähe des Königs; denn selbst da wo dieser zu fehlen scheint, z. B. bei einem Elfenbeinschmuck mit diesem Embleme, ist nachweisbar, dass das Bruchstück zu einem verlornen Throne, worauf der König sass, gehörte. — Die Attribute des Emblems wechseln, wie die der eben beschriebenen Genien je nach der Thätigkeit des Königs. — Ist dieser mit gespanntem Bogen dargestellt, so begleitet ihn Aschschurs Emblem mit gespanntem Bogen[83c]. Zieht der siegreiche König aus dem Kriege oder von der Jagd mit gelöstem Bogen[83c] heim, so begleitet ihn das Emblem mit gelöstem Bogen. — Erscheint der König bei Festen, Opferungen u. dergl. ohne Bogen so erscheint das Emblem auch ohne Bogen[83c].

XXIV. Dieser Art der Darstellung entsprechend ist auch die Verschiedenheit der Darstellungen der Genien etc. zu erklären. Ihre eigentliche Aufgabe war demnach die, dass sie, wie die Löwenmenschen am Eingang in diesen Saal das religiöse Gefühl zu wecken und zu erhalten hatten, so auch die Bildung des Volkes durch Belehrung[83c] inhaltlich und mittelst der sie begleitenden Keilschriftwerke fördern sollten. — Darum waren sie zu Hunderten in den weiten Räumen der prächtigen Corridore und Säle des Königspalastes aufgestellt. Ja es muss aus dem Zusammenhalte der überaus zahlreichen Theile und Bruchstücke der bis jetzt bekannten assyrischen Kunstwerke entnommen werden, dass das Volk an gewissen Festtagen die hiezu geöffneten Räume des Palastes, wie bei unsern Volksfesten, schaarenweise durchzog und durch lautes Ablesen und Absingen des religiösgeschichtlichen Inhaltes der Keilwerke sich Erbauung und Belehrung aus der Landesgeschichte und Begeisterung aus den Grossthaten seiner Könige erholte[83c][83d].

. XXV. Dahin deutet auch der gewiss so seltsame als nicht bedeutungslose Umstand, dass der habichsköpfige Genius C vermöge der Lage, Hebung und Senkung seiner Zunge, ganz nach den Grundsätzen der Physiologie der Sprachwerkzeuge, — vergl. Helmholz und Max Müllers Werke — den Auslaut des erstwichtigsten Wortes „bit", (בית) den T-Laut, während dessen Gegenpart, der Genius E den Anlaut des zweitwichtigsten Wortes der Inschrift[84] „rab", (רב) den Laut R unverkennbar kennbar intonirt.

Diese 2 Worte Bit (domus) Rab (alta) bedeuten aber in ihrer Zusammensetzung Bitrab (ביתרב) Tempel, (Hekal) (היכ); Palast (palatium) und übertragen und figürlich genommen auch Majestät, König (רם) und ähnlich. Der Zusammenhang, der Tenor, mehr noch die Parallellstellen der Inschriften gebieten aber, hier die letzte Bedeutung des Wortes „König oder Majestät" anzunehmen, in der Weise etwa, wie das Wort Karl, welches ursprünglich „der Starke" heisst, im slavischen und ungarischen König (Korol, Kral) Király bedeutet. Dem Bitrab folgt natürlich der Name des Königs selbst als drittwichtigstes Wort der Inschrift [85] אשור־דנא־הבל d. h. Asch-schur-dana-habla.

XXVI. Schluss. Hört man auch nicht mehr was diese beiden Genien vor nahezu 3000 Jahren unter Assistenz der sie schweig- und aufmerksam begleitenden Hörer[85] dem lauschenden Volke[85a] laut und feierlich vorsagten, so liest man es, d. h. das was mit ehernem[85d] Griffel auf Stein im buchstäblichen Sinne des Wortes unverwüstlich vor unseren Augen und über ihren sieben Leibern geschrieben steht, noch heutzutage um so deutlicher[86] und sicherer[87]. Mittelst Auszuges aus dem Inhalte dieser 111[88b] Zeilen mit ihren aus 18,970[87] Keilen zusammengesetzten 7133[87] Keilbildern in „alturanischer[88]", nur theilweise in die Sprache Sardanapals, in das Assyrische d. h. in das Altsemitische übersetzter Sprache möge schliesslich in einem gedrängten[89] Bilde das Wollen und Können des an der Eingangswand als Löwenjäger[89b] abgebildeten[89c] Königs, des Priesters, Künstlers und Kriegers, hier kurz berührt werden.

XXVII. Die Anrufungen und Gebete[90] bezeichnen Sardanapal als den grossen Förderer religiöser Ideen, denen er in seinen zahlreichen und pomphaften Prozessionen Ausdruck gegeben. Seinen Bilderdienst und den Glauben an die wirkliche Macht seiner Idole legte er durch den Glanz und die Pracht ihrer Ausstattung an den Tag. Er war König und zugleich Oberpriester[91] und ordnete als solcher die Feste, die Dauer der Festtage, die Opfer und ihre Anzahl u. dergl. an. In den Tagen des Unglücks verordnete er die Fast- und Busstage, bestimmte die Grade der Bussübungen für die Menschen und Thiere[92] und bewies so seinen Glauben, dass auch letztere in den Sündenfall der Menschen mit verwickelt waren[92a].

XXVIII. Den König Sardanapal zeigen seine Werke[92b] und die Inschriften dazu als den grossen Mäzen der Künste, besonders der Mechanik[93], der höheren Töpfer-[94] und Glasbereitungskunst[95], des Metallgiessens[96], der Gold-, Silber- und Emailarbeiten[97] u. s. w. Seine Kriegsannualen stellen ihn als grossen[98] Eroberer dar, der in neun[99] Kriegszügen innerhalb acht[99] Jahren alles Land zwischen dem Tigra und Labnana (Tigris und Libanon) vom Aufgange bis zum Untergange der Sonne[100] sich unterworfen hat. —

II. Erklärung

der berühmten 7 König-Ludwigsinschriften [1] *im assyrischen Saale der Münchener Glypthothek* [2].

Vorbemerkung. Von den 7 Keilinschriften auf den 7 Basreliefs sind die 2 auf C — E [3a], als die vollständigsten [3b] im Nachstehenden übersetzt und erklärt. Der Inhalt der üdrigen 5 A B D F G [4a] ist im Wesentlichsten mit jenen ein und derselbe [4b]. Solche Basreliefs mit ungefähr gleichlautenden Inschriften sind im Palaste Sardanapals III. nach Hunderten in den Sälen vertheilt gewesen [4c]. Sie vertraten unsere Geschichtsbücher und Reichsannalen. Die zwei geflügelten Gestalten auf C—E mit ihren Habichtsköpfen, geöffneten Schnäbeln und bewegten Zungen [5] stellen die Sprecher und Erklärer jener Annalen vor, und zwar im sichtbaren [6a] Gegensatze zu den andern 5 geflügelten Gestalten mit Menschenköpfen und fest geschlossenem Munde [6a]; welche das stumme Publikum, die Zuhörer, das Volk bedeuten. Das Volk hatte sich nämlich, wie bei uns, bei Gelegenheit der Volksfeste in der Hauptstadt und im Königspalaste zu Schau und Belehrung [6b] einzufinden gepflegt,

Jene geschnäbelten Genien, gewöhnlich „Nisroch" [7][8][9] genannt und mit „Ehestifter" erklärt [10] erzählen nun oder richtiger ausgedrückt: sie lassen durch die hiezu bestimmten offiziellen [11] Gelehrten die ihre Brust und ihren Kopf umhüllenden Reichsannalen dem Volke laut [12] vor erklären [13] und den im Bilde [14] mehrfach [15] anwesenden [16] König wie folgt [17] verherrlichen:

I. Das ist der erhabene König [18] Aschschurdana-Habla [19] der Sardanapal (III. 922 v. Chr.) [20] [21] der demüthige Verehrer [22] des Bildes [23] Aschschurs, des Göttervaters [24], der Anbeter [25] des Obergottes [26] Bil, das ist Belus, Bal, Belnebrod, Nimrod, und des Gottes Nin, Ninus [27], der eifrige [26a] Verehrer des Gottes Anuv [28], des Herrn der Höhen, der Berge, der Gebirgswälder etc. [28], des Oanes, und des Gottes Takan [29], des Herrn der Tiefen, der Gewässer etc. [29] des Dagon [29], der Auserwählte [30] der erhabenen (übrigen 12 [31]) Götter [32].

II. Das ist der mächtige König [33a]! Der König der Könige [33b]! Der König der Heerschaaren [34]! Der König des Landes Aschschur [35] [36].

III. Das ist der Sohn [37] des erhabenen [38] Tukultu [39]-bari [40]-Sari [41], Tiglatbelesers [42], (890—884 [43]) des mächtigen Königs, des Königs der Heerschaaren, des Königs des Landes Aschschur,

IV. des Sohnes Vulikhkhusch, Belochus [44] [45] (910—890 v. Chr.), des Königs der Heerschaaren, des Königs des Landes Aschschur.

V. Sardanapal ist gnädig [46]! Sardanapal ist barmherzig [47]. —
Denn er wandelt in der Furcht des Gottes Aschschur, seines Herrn, vor den Königen [48] der Erde [49].

VI. Er ist der fromme Priester [50] seiner Herrin [51], der Göttin Beltis, der Mylita [52a] [52b].

VII. Traun [53], der getreue Hirt ist er seiner Völker [54]; denn für [55] sie ist seine Vorrathskammer[57] zur rechten Zeit[58] gefüllt mit reichlicher[56] Körnerfülle[59].

VIII. Und was er dagegen von ihnen fordert an Abgaben — das wird geleistet[60a].

XI. Denn er ist der König, der da eifrig widerstrebt allen ungerechten und feindlichen Widerstrebungen[60b].

X. Der König ist er, der da was er sich an Kriegsheeren, Ländern und Leuten unterworfen hat[60c] beherrscht mit Kraft und mit Macht.

XI. Denn einem jugendlichen Löwen gleich hat er es überwältigt — das Land seiner Feinde, hat er ihn zertreten — den Boden der Rebellen, hat er sie zerschellt -- die aufrührerischen[61] Parteien.

XII. Denn er ist der König, der da wandelt in der Furcht vor den Göttern, seinen erhabenen Herren.

XIII. Jene Länder — alle hat er sie berührt mit seiner pflegenden Hand.

XIV. Alle Waldungen in denselben hat er gepflegt[62], hat ihren Ertrag erhöht[63 64].

XV. Den Wohlstand[65] seines Reiches — er hat ihn blühend gemacht[65] und den Ruhm seines[66] Namens hat er über die Grenzen desselben hinausgetragen[66].

XVI. Denn Sardanapal spricht[67 68] von sich:

XVII. Aschschur, mein Herr, hat meinen Namen gross gemacht.

XVIII. Er hat meine Herrschaft ausgedehnt.

XIX. Wunderbar[75] hat er an mir seine Uebermacht[69] im[70] Kriege[71] zum Besten[72] der Künste[73] des Friedens[73] während der ganzen Zeit meiner (25 jährigen[74]) Regierung geoffenbart[75].

XX. Denn durch ihn habe ich die Kriegsheere der verruchten Nordländler[76], der Lullumier[77] bei Gelegenheit meiner Kriegszüge[78][79] dahin[80] mit meinen Waffen siegreich bekämpft[79b]. —

XXI. Ich habe durch den Beistand des Sonnengottes Schamasch[81] und des Wassergottes Ao[82], der Götter meines Vertrauens, auf deren Hilfe ich baute, die Flussgebiete der Kirkhi[83], jener Höhlenbewohner[84] und der bilderstürmenden Schubari[85][86], der Nachbarn jener Lullumier, und alles Land um sie herum mit meinen Kriegsvölkern gleich dem Gotte der grossen Fluth[87], Ao[82], überschwemmt und den ganzen Norden besiegt[87].

XXII. Ich bin der König, welcher von den Ufern des Tiglat, Tigrisflusses südwärts bis an den Fuss des Labnana, Libanongebirges und bis zum grossen mittelländischen Meere herab das Land der diebischen Lakier, (der spätern Lycier[88]?) und in der Umgegend das Land der herumschweifenden Schukier[89], (der Altvordern der Tschuki[89] und Schuhiten[89]) bis zur Stadt Rapiki[90], (das spätere Raphia und heutige Repha[91a]) in seine Gewalt gebracht hat,

XXIII. Der König bin ich, der von den Quellen des Schupnatflusses, des Wasserreichen[91b] bis an den Fuss des Berges Ururt[92], (Ararat in Armenien) west- und ostwärts seine Macht ausgedehnt hat,

XXIV. der ich von der Umgegend die zu dem Lande der Trockenländler, der Khiruri[93] gehört, bis zum Lande Khirsan[94] (Korasan), die Kriegsleute von den Ufern des untern Sab, des Flusses der Tränke[95], des Nebenflusses des Tigerstromes bis hinauf zur Stadt Tul-Bari[96], Friedensthurm, die oberhalb des Landes Saban[97], des offenen Landes liegt, von der Stadt Tul-Sabdan[98] Thurm- d. h. Festungsberg bis zur Stadt Tul-Sasahdan[99a], Berg ohne Thurm oder Festung [99b] dann die Stadt Khirim[100] Hochstadt, (Haram), die Stadt Kharut[101] Stadt der Trockene[101], das Land Birat[102], das fruchtbare, das die Kardunier, (von den Arabern noch heutzutage Kardunias[103] genannt), bewohnen: der ich alle diese Länder und Städte zu Provinzen meines Reiches gemacht; und was von dem Pfort- oder Westlande Babit[104] bis zu dem östlichen Lande Kaschmar[105], (Kasmirien) zwischen den Untergang und Aufgang der Sonne liegt, rechne ich alles zu meinem Eigenthum.

XXV. Ueber diese Länder nun, welche meinem Scepter unterworfen sind[106], habe ich Statthalter gesetzt, dass[107] durch diese verhindert[108] werde, wenn Abfall von mir[109] versucht werden sollte.

XXVI. Ich bin Sardanapal der Unverletzliche[110], der Geweihte[111], der Knecht[112] der erhabenen Götter, ihr erhabener Stellvertreter[113a] und Vikar, (der Pabst[113b] auf Erden), der treue Anhänger[114a,b] an die Götter, der eifrige Beschützer[115] der Menschen, ihrer Städte und Dörfer[116] und der Bewohner darin[117]. Ich bin Herr über meine Beamten[118].

XXVII. Denn durch diese bringe ich an das Tageslicht[119] den heimlichen[120] Diebstahl[121], trete ich[122] entgegen dem offenen Raube[123], durch sie lasse ich[124] strenge bestrafen[125,126] — den letzteren und eifrig[127] erforschen und wiedererstatten — den erstern[128], durch sie bekämpfe ich[129] den Aberglauben, die Zaubereien[129].

XXVIII. Als der König des Reiches[130] habe ich für öffentliche Wohlfahrt reichlich gesorgt [131a 131b]; denn ich bin der König und der Hort des Landes, der da bedachtsam[132] beschützt[132] die häusliche Ordnung[133] und die Reinheit der Sitten[133]. Freudig[134] gewähre[135] ich draussen Sicherheit der Wege[136] und Stege[136], auf den Bergen, in den Thälern[137], über die Sümpfe[138].

XXIX. Die Könige und Beamten innerhalb des Bereiches meiner Herrschaft habe ich zur[140] Ausführung[141a b] meiner Absichten bereitwillig gemacht[139] und sie alle vom Untergange der Sonne bis zum Aufgange der Sonne und allenthalben[142] mit mir vereinigt[143]. Die Stadt Kalhu[144a], (das biblische Kalach Kalah[144b],) Kalarez, (das Xenophontische Hlarez, d. i. Larissa) — sie war sehr alt; denn schon Schalmanuzir[145a] Salmanassar,[145b] (1290—1270 v. Chr.), der König des heiligen[146] Landes Aschschur, der da 436 Jahre vor mir regierte[147] hatte sie erbaut. Sie war zerfallen und untergegangen[148a b].

XXX. Diese Stadt nun habe ich aus ihrem Verfalle[149] wieder aufgerichtet.

XXXI. Ich habe hiezu die Völker, eine Kriegsbeute meiner Hand, aus den Ländern, die ich erobert: aus dem Lande der Schuki, aus dem Lande der Laki, aus dem Lande um die Stadt Schirku[150a]; dann die Völkerschaften den Ufern des Euphratstromes entlang, aus dem Lande Samuam, Sandland, dann die Stämme der Betadini, Bet-Eden[150b], ferner die Bevölkerung des Khatinerlandes, die (Syrier, Khatiten[151a]), endlich noch südwärts[150c] was zu dem Lande der Patinier um den

Urunut im Lande Urum d. h. um den Orontes im Aramäischen (?) gehörte: das Alles habe ich an Stämmen und Völkerschaften hieher[151a] genommen.

XXXII. Ich habe sie nach Kalah[151] verpflanzt, und was ich von ihnen als brauchbar ausgewählt, damit habe ich die Grundlagen, die Grundhöhen[152a,b] der alten Stadt erweitert[153a,b] und zugleich um 120 Fuss[154] über den Spiegel des Tigriswassers gehoben.

XXXIII. Auf der Terassenfläche[155] derselben habe ich einen (6fach gegliederten) Palast[156a] angelegt: 1) einen Palast von Cedernholz, 2) einen Palast aus Fichtenholz[156b], 3) einen Palast aus Cypressenholz, 4) einen Palast aus Tamariskenholz, 5) einen Palast aus Pistazienholz, 6) einen Palast aus sogenanntem Gesundheits- oder Tarpiholz[156c].

XXXIV. Ich habe diesen (6fachen) Palast als das redende Denkmal meiner Regierung und der friedlichen (25[157] jährigen) Dauer meiner Herrschaft in dem Herzen meiner Hauptstadt für ewige Zeiten aufgerichtet.

XXXV. Grosse Thiere habe ich aus den Gebirgen[157a] und aus den Meeren herbeigeholt[157b].

XXXVI. Nach diesen Thieren habe ich riesige Gestalten in Gestein von dunklem Marmor und in Gestein von hellem Marmor aushauen[157c].

XXXVII. Durch die Portale, welche ich ebenfalls aus jenen Steinarten errichtet habe[158], habe ich das Tageslicht[159] in die Paläste hineingeleitet[160].

XXXVIII. Der Wiederschein[161] jenes Lichtes[163a,b] hat sich an den erzbekleideten[162b] Palastwandungen[162a] gebrochen und sich in den dunklen Räumen des Palastes allenthalben verbreitet[164a,b].

XXXIX. Vor den Portalen ausserhalb der so erleuchteten Paläste habe ich Säulen angebracht und zwar Säulen aus Holz vom Cedernbaum, aus Holz vom Fichtenbaume, aus Holz vom Cypressenbaume[165], aus Holz vom Tamariskenbaume.

XXXX. Innerhalb dieser Palastportale aber habe ich, was[166] an Erz, Blei, Eisen, Silber und Gold auch immer aus den Ländern die ich mir glücklich[167] unterworfen, nach Kriegsrecht[168] die Beute meiner Hände geworden war, allenthalben zur Schau[169] ausgestellt[170].

III. Beschreibung
des Palastes Sardanapals III zu Kalah[1].

— n [2a,2b]. Es wurde in den „Propyläen" Seite 95 der Nummer 4 Gaugengigl's und dessen Erklärungsversuche der berühmten König-Ludwigs-Inschriften im assyrischen Saale der Glypthotek erwähnt. Heute sind wir in der Lage, unsere Leser mit einem ihrer anziehendsten Ergebnisse bekannt zu machen. Es ist dieses eine kurze Beschreibung des Palastes Sardanapals III, und zwar wie sie der Engländer Fergusson[3] nach den Ausgrabungsresultaten seines Landmannes Layard[3] im heutigen Nimrud, dem alten Xenophontischen Larissa und noch ältern biblischen Kalah, seinem Aeussern, Gaugengigl aber, inhaltlich der in ihm aufgefundenen assyrischen Keilinschriften, seinem Innern nach entworfen hat.

Bemerkt muss hier vor allem werden, dass der Entwurf unsers berühmten Landmannes, Professor Dr. Reber[4], soferne das Wort der zuverlässigste Ausleger der Sache ist, dieser in der Wirklichkeit näher kömmt, als der der beiden gelehrten Engländer.

Wir treten nun der Kürze wegen mit Hinweglassung der Gaugengigl'schen, sehr zahlreichen Beweisstellen aus dem assyrischen Texte selbst[5], sogleich mitten in die Sache ein.

Auf der Ebene um das uralte Ass-Khi[6], später Ni-Nua[7] oder Ninive, dem Pakdi-Arathi, zu Judith's Zeiten Baiktiraith oder was dasselbe ist, Baiktilaith, auf der skythischen Behistaninschrift Baiktarris[7b] und auf den vorliegenden, viel älteren assyrischen König-Ludwigs-Inschriften Kirkhi und Ku-Khi[8] genannt, liegt etwa 20[9] englische Meilen südöstlich[9] von jener altassyrischen Hauptstadt[9] die Nebenstadt Kalah.[10] Mitten[11] in dieser Nebenrichtiger Vorstadt von Ninive (Ninua[6]), auf den König-Ludwigs-Inschriften Irkalchu[12] geschrieben, von Schalmanuzir[13] d. h. Salmanassar III. (1290 bis 1270[14] vor Christus) gegründet, hat Aschurdanahabla[15] d. i. Sardanapal III.[15] (922 v. Christus) Sohn des Tukultubarisari[16] des Tiglatbelesers[16] (890—884) und Enkel des Vulikhkhusch[17] d. i. Belochus (910—890)[17] am linken Tigrisufer[18] auf einer künstlich gewonnenen[19] Anhöhe von 120[19] Fuss diesen seinen 360[20] Fuss langen und 300[20] Fuss breiten Palast hingestellt. Riesige Gestalten,[21] kolossale Löwen[22] und Bullochsen[22] aus weissen und schwarzen Marmor[23] mit Menschenköpfen[24] und Engelsflügeln[24] in prächtigen Farben- und Linienspielen[25] schauen als Wächter[26] riesiger Eingangspforten[27][28] dem Eintretenden gar befremdend entgegen. In dem ersten der[29a][29b] sechs Säle[29c], von denen jeder einen Palast vorstellt[29c], sieht sich der Eingetretene mitten in die gemeiselten und gemalten Annalen[30] des assyrischen Reiches versetzt. Schlachten[31], Siege, Triumphe, Jagd-[31] und Kriegsscenen[31], politische[31] und religiöse[31] Zeremonien in brennenden[32] Farben, auf glänzendem Marmor[33], mit erklärenden, in Kupfererz strahlenden Keilinschriften [34.] die breiten und hohen Wände [35a] entlang, fesseln die Sinne und blenden [35b] die Augen. Buntes Figurenwerk von Menschen mit Thier- [36] und von Thieren mit Menschenköpfen [37] über, zwischen und unter den Wanddarstellungen [38] setzen in Verwunderung. Das bunte Farbenspiel von Blumen [32] und Pflanzen [38], von Gewürm- [38] und Vogelgestalten [38] in den zahllosen Geviertfeldern [38] auf den Saaldecken [39], das Linienspiel von den buntesten Mosaikböden [40] und dazwischen von unzähligen Keilbildern auf den Steinplatten des Fussbodens [41] dringen auf den Beschauer ein. Eilst Du durch die weiten, lichtspendenden Thore [42] in andere Säle, so empfängt Dich hier anderer Stoff, andere Pracht. Es tritt Dir der König, rechts von einer glänzenden und bartlosen Eunuchen- [43], links von einer bärtigen und glänzenden Kriegerschaar [44] begleitet, entgegen; es thront die Majestät [45] in diesem Saal um das Schicksal der Kriegsgefangenen [46] zu bestimmen; in jenem um mit den Gesandten fremder Könige zu verhandeln [47], um Dankopfer darzubringen [48], Festtage zu bestimmen [49a], Bitt- und Busstage aufzulegen [49b]. Jede einzelne dieser bildlichen Darstellungen zeigt sich im lebendigsten Farbenschmucke [50], im detaillirtesten [51] Linienspiele. Weiter rückwärts empfangen Dich imponirende Gestalten von Priesterkönigen [52] und königlichen Priestern [53], von guten [54] und bösen [55] Genien, alle in seidener Unter- und Obergewandung [56], mit langen Doppelschnüren [57] und mit schweren Doppeltroddeln [58] und Quasten [58] von Seide daran, mit doppelter und dreifacher Dolchbewaffnung [59] im Gürtel mit kunstreichen Griffen [60], mit zwei-[61] und drei-[62] fach gehörnter Kappe auf den so zierlich als kräftig bebarteten[63] und energisch blickenden[64] Köpfen; ja selbst die reiche[65] Gewandung dieser Gestalten gewahrst Du mit heiligen Opfergeräthen [66], mit Priester- und Engelsfiguren [67] aufs Kunstreichste geschmückt und bestickt.

Andere Säle, anderer Stoff, andere Pracht: es begegnet Dir das Emblem des höchsten Gottes Aschschur[68] in Form bald eines Vogels [63], einer Taube, bald einer geflügelten [69], bald einer bärtigen[70] Geistes- [71], Engels-[72] und Menschengestalt [71a], bald mit [72], bald ohne[73] Bogen; bald mit gespanntem [74], bald mit ruhendem[75] Bogen; der hochheilige Baum des Lebens[76] zeigt sich Dir in den abwechselndsten Stellungen[77] und Formen [78]; den König siehst Du bald in betender[79] Stellung vor Aschschur bald im Momente der heiligen Kelchreichung [80] durch den obersten der Priester: geflügelte Schutzgottheiten[81] zeigen sich Dir in Menschen-[82] Thier-[83] und Fischgestalten[84] in diesem Saale, — und in jenem bewegen sich an Dir geistliche[85] und weltliche[86] Prozessionen vorüber; in einem andern schaffen Arbeiterzüge[87] vor Deinen Augen Riesensteine und Riesengestalten[88] weiter und bauen und schmücken damit Städte [89], Festungen [90] und Paläste[91] aus.

Alles ist bis in das kleinste Detail[92] ausgeführt, jeder Pinselstrich[93] — richtig, jeder Linienzug[94] — wahr, jeder Meiselhieb[95] — getroffen, Alles ist aufs Glänzendste und aufs Reichste ausgeziert: in zartem Alabaster [96], auf hellem[97] und dunklem [98] Marmor, mit Ebenholz [99], Tamariskenholz[100], Pistazien[101]-holz etc.; aus Eisen [102], Blei[103], Kupfer [104], Silber[105],

Gold[106] in den sechs[107] Sälen des Palastes[108]; mit sonnengetrockneten[109] und feuergebrannten[110], und goldüberzogenen[111] Backsteinen — draussen an den vier Wänden desselben; mit silberbeschlagenen[112] und weithinglänzenden Platten — droben auf den Dachflächen.

Gaugengigl bringt hier freilich wunderbare Dinge zum Vorschein. Er überrascht mit allerdings kühnen Combinationen; um so kükner, je einfacher die Mittel, obiges Wunderwerk zu schaffen, die so unscheinbaren und wenig beachteten Basreliefs in der k. Glypthok sind. Aber die kritische Stimmung, die allenfallsigen Zweifel des Lesers werden um so weniger aufkommen, werden um so länger schweigen müssen, je lauter und unwiderleglicher die Thatsache spricht, dass die Pracht und die Herrlichkeit im alten Babylon und Susa, in Ekbatana und Persepolis, von welcher ein Zephanias und Jeremias, ein Herodot und Dionys Pariegetes, ein Priscian und Festus Avienus des Lobes voll sind, in vollster Uebereinstimmung mit dem Inhalte der berühmten König-Ludwigs-Inschriften ist und ein je giltigeres Zeugniss die Logik der Thatsache ablegt, dass die von den genannten Schriftstellern bewunderten Bauten in den genannten Städten des alten Orients nur Nachbildungen der noch ältern Bauwunder des assyrischen Königs Sardanapals, der Wiege der späteren arabischen Märchen in 1001 Nacht sind.

IV. Beleuchtung

des berühmten Palastes Sardanapals III in Kalah.

אן בבי ש אשיזו אשים לו · יסרח לו שקר שו אן סנר צפרי·

    Von der Beleuchtung dieses Palastes heisst es:

    I. „Square openings in the ceilings of the chambers admitted the light of the day" Layard: Ninive and its Remains, II 264, 1849 — also: viereckige Oeffnungen in den Zimmerdecken liessen nach dieser Stelle das Licht herein. Vergl. hiezu Monum. of Ninive I. Ser. Platte 2: assyrisches Zimmer. —

    II. „The ceilings must remain a subject of conjecture etc." Layard: L. c. II. 265, Anm. — also: Zweifel an der Ansicht I.

    III. In my former work Jexpressed a belief that the chambers received light through an opening in the roof . . . . this may have been the case in some instances; yet recent discoveries now prove that the Assyrian palaces had more than one story[1]: Such being the fact it is evident that other means of ligthening must have been discovered . .". — Monum. II Ser. Pl. 40; Nin. and Babylon, 647, 648, 1853 — also: Modifikation der vorausgehenden Ansichten I und II.

---

[1]) Dagegen scheint Professor Dr. Reber zu sein — vergl. III. Beschreibung des Palastes — Anm. 4. —

IV. „ . . . the upper part of the halls was formed by a row of pillars . , . admitting a free circulation of light: . . ." Fergusson bei Layard, l. c. 647, 648, 1853 — also: Beleuchtung von oben mittelst Pfeilerräume. s. VIII!

V. „ . . . a wall of pillars would answer the purpose (of ligtening) . . . . Yet inner chambers must have remained in almost entire darkness. And it is not improbable . . . the absence of light being considered essential to secure a cool temperature:" Layard, l. c. 648, 1853 — also: eine Modifikation der Modification in IV! —

VI. „the halls may have been lightened by louvres etc.:" Rawlinson; 5 great Monarch. I. 380 (Botta) — 386, 1862 — also: Verwerfung der Ansichten von I — V und Licht durch Rauchlöcher. —

VII. „ . . . probably roofed and lightened by small louvres" . . . . „its square chambers domed and perhaps not lightened at all . . .", Rawl. II 350, 1864 — also: Licht oder Dunkelheit!

VIII. „ . . . vielleicht doch Treppen, die den englischen Forschern entgangen . . ." „Diese mussten in den lichtspendenden Portikus führen etc.: Reber, Baukunst, S. 57, 1866 — also: Verwerfung der Ansichten von I—VII!

IX. Krause in seinem Deinokrates: Beleuchtung nicht von oben, d. h. nicht in der von I—VIII vermutheten Art und Weise, sondern von unten durch die Portale. —

X. Sardanapal III. in seinen Keilinschriften, Basrelief E Zeile 24: „Ina babi, scha uschidsîds, uschîm liva. — Yusarrikh livu siqruschu ina sanri"

(Basrelief C Zeile 25) dsipari, d. h. wörtlich: per portas (ina babi) quas micare feci (scha u-schidsîds, Schaphel v. dsuds, micuit etc.) immisi (uschim, v. schum posuis), oder aber diem efficere fecit (Schaph. v. jum, calor. lux, dies etc. fuit) lucis flexum (liva, v. lava (h) flexit, oder aber lua (kh) splenduit). Effus est largiter (jusarrikh, form. intens. v. sarakh, effudit etc.) flexus (livu) reflexus s. respectio ejus (siq'ru-schu, v. saq'ar re-, circumspexit etc.) über (per, ina) die Lichtlose (sanri = sanari) [d. h. dunkle Wandung (parietes luce carentes), (aere) laevigatos (dsipari, v. dsapar, rasit, laevigavit etc.); vergl. II Erklär. d. Inschr.]: Anmerkungen zu Nr. XXXVII und XXXVIII. —

Indem nun das Urtheil über obige X Ansichten und über ihren Werth dem Leser anheim gestellt bleibe, muss jedoch die Aufmerksamkeit desselben noch auf nachstehende weitere Umstände gelenkt werden; denn diese sind nicht ohne Interesse und ohne Einfluss auf sein Urtheil in einer Frage, die den zahlreichen mythologischen, historischen, geographischen und linquistischen der so werthvollen König-Ludwig-Inschriften an Wichtigkeit keineswegs nachsteht, in der Frage der Beleuchtungsweise der assyrischen Bauten überhaupt und des Sardanapalpalastes ins Besondere. —

Eine Frage, die seit Layard — Niniv. and its Rem.: 264 ff. — bis auf den heutigen Tag, d. h. v. 1849 bis 1870 von allen Fachmännern mit Ausnahme eines Einzigen, des schon genannten Dr. Krause wie oben I—IX, gezeigt, verschieden beurtheilt worden ist. Eine Frage, die soweit ihre Lösung von der bisherigen Lesung der vorliegenden Keilstelle abhängt, sicherlich nie gelöst worden wäre. Eine Frage, die auch sonst nicht wohl richtig beantwortet werden dürfte, wenn der Erbauer seines Palastes, der oft genannte Sardanapal III. die Antwort nicht selbst gegeben hätte, und wenn diese seine Antwort durch ihre Bündigkeit einer- und durch ihre Unanfechtbarkeit anderseits nicht „klar" und gegen falsche Autorität „sicher" gestellt wäre. Jene Umstände aber sind:

1) Die Aussprache der 26 Keilgruppen, woraus die Stelle besteht, ist schon von Rawlinson (1853), dann in Opperts Expedition en Mesopotamie II. von Seite 107 an (1858) unter folgenden Nummern: 88, 243, 189, 81, 3, 84, 99, 102, 3, 103, 56, 83, 3, 123, 198, 83, 93, 139, 86, 88, 135, 67, (38), 17, 176, 189 klargestellt und bei Ménant: Exposé de la gramm. assyrienne p. 11 ff. (1868) zum Theil berichtigt. —

2) Die mittelst jener 26 Keilgruppen gebildeten 13 assyrischen Wörter zeigt noch heute jedes gute semitische Wörterbuch — an Schreibung und Bedeutung nur wenig geändert.

3) Der Context der Inschrift — vergl. II. Erklärung der König-Ludwigs-Inschriften XXX—XL — verlangt die gegebene Erklärung und lässt von den möglichen Combinationen, Lesungs- und Erklärungsweisen, die in der Polyphonie der einzelnen Keile — Hincks: On the Polyphony etc. — ihre Begründung haben — eine andere nicht zu.

4) Mit Sardanapal stimmt auch Herodot überein, indem er erzählt dass der falsche Smerdes im

Finstern des Palastes, d. h. bei geschlossenen Thüren, (nicht Fenstern) ermordet worden sei. —

5. Die dortigen klimatischen Verhältnisse liessen eine andere Beleuchtung als die von unten herauf durch die hohen und weiten Portale desshalb nicht wohl zu, weil die von oben, sei es nun von den Seiten herein durch die Pfeiler (IV), sei es von der Plafonddecke herab mittelst Löcher (VI) Einschnitte und dergleichen weder gegen die drückende Hitze der Sommersonne die nöthige Kühle, noch gegen den strömenden Gewitterregen der Sommerschwühle und Winterstürme den nöthigen Schutz für Hochbauten zu gewähren vermochte, die aus stupenden Terassen (Reber, Baukunst l. c.) als den Wehren wider die häufigen Ueberschwemmungen aufgeführt und gerade desshalb den Unbilden des Himmels und ihrer Einflüsse besonders ausgesetzt waren.

6. Uebelstände, wegen welcher die dortigen Gegenden noch heute verrufen sind.

7) Noch heut zu Tage vertreten nach den Reiseberichten dort die Thüren der Häuser zugleich auch die Fenster und zwar bei allen jenen Bauten, welche noch primitiv und nicht Nachahmnngen der fränkischen Bauart sind.

8) Die Haus- und Wirthschaftsgeräthe in den Händen der Landbebauer sind dort heut zu Tage noch so primitiv, wie sie zu den Zeiten Sardanapals waren, wenn die Reiseberichte der Neuern in Beschreibung dieser Gegenstände und die Abbildungen der alten Formen derselben bei Layard etc. ichtig sind.

9) Endlich die Bebartung und die Kopfbedeckung der dort lebenden Männerwelt, der Autochtonen, nicht der eingewanderten Araber, ist noch heut zu Tage dieselbe, welche sie bei den Unterthanen Sardanapals III. vor 3000 Jahren, ebenfalls nach Layards etc. Abbildungen schon gewesen ist.

Auf Grund der Verschiedenheit obiger Ansichten über die Beleuchtung und mit Rücksicht auf die Umstände unter 1—9 die zur Bildung eines Urtheiles über diese — (die Beleuchtung) nicht ohne Einfluss sind, kann füglich gefragt werden, welche von den unter I—X gegebenen Ansichten die richtige sei — den Palast betreffend!

Die in Rede stehende wichtige Keilstelle selbst über die Beleuchtungsfrage ist in der That unanfechtbar. Sie ist trotz ihres hohen Alters von nahezu 3000 Jahren so gut erhalten und so deutlich als wäre sie erst gestern in Stein geschnitten worden. Sie kann auch, eben als in Stein geschnitten nicht gefälscht, nicht interpollirt worden sein. Was also angezweifelt werden kann, das ist ihre Lesung und Erklärung. Dr. Oppert hatte mit Grivel in der „Inscr. cuneiforme etc. de Zurich, Sept. 1867, sie 1) falsch, 2) nur halb gelesen und 3) diese Hälfte noch falscher erklärt. Der Grund von 1) liegt in seinem mangelhaften Princip, in dem Mangel der Zerlegung und Zurückführung der assyrischen Keilgruppen auf ihre ursprünglichen altchaldäischen*) Keilbilder und der

---

*) So gibt z. B. die Gruppe für liv (lim) das Bild für Auge=Licht=Strahl; die für ina das Bild für zwei Pfeile = schnell dahin = entlang; die Doppelgruppe für san das Bild für Holzfläche, = Fläche = Wand, und das Bild für fallende

Identificirung dieser Bilder mit den chinesischen Schriftbildern — Südd. Presse, Nr. 99 und 100, 1869 — und von 2,3 in dem Mangel²¹³ seiner Sprachkenntnisse, namentlich der altturanischen Sprachen — er hat z. B. das altur. Wort „Ur" und das altsemitische Wort „Ur" allenthalben nicht gehörig auseinander gehalten; er hat das erstere unrichtig mit dem ungarischen orszag (empire, Exped. Mesopot. II 83) indentificirt; unrichtig desshalb, weil orszag gar kein ungarisches, sondern slavisches*) Wort und nicht in or-szag (sfx.szag), sondern in orsz-ag (sfx. ag) zu zerlegen und auf oros (roth, russisch etc.) zurück zu führen ist — vergl. Riedel: S. 99 der Magyarischen Gram. 1858. —

Dass mit dieser Kleinigkeit im Vergleich zu seinem immensen Wissen, unserm so geistreichen als verdienstvollen Landsmanne, Dr. Oppert von einem dankschuldigen Schüler, nicht nahe getreten sein will, dürfte sich bei Besprechung seiner Arbeit doch wohl von selbst verstehen.

Ich sage Opperts Arbeit; denn der Herausgeber der Zürchischen Inschrift hat seine angebliche Arbeit nach einer brieflichen Andeutung nicht selbständig, sondern unter Opperts Beistand gemacht und sie von diesem approbiren lassen (approuvé); so dass er in der fraglichen Arbeit nach Dr.

Tropfen = laut und still, hell und dunkel. Die Gruppe ri ist zugleich gramm. Exponent für den Gen. pl. (?)
*) Im ältest Denkm. Leichenrede aus XV. Jahrh.: urusz-ag; altslav. rus-ag; sfx. sag (spr. „szag") ist der ungar. Sprache fremd; in dem einzigen Wort „jo-szag (Vermögen, Gut)" steht es für das richtige „sag" (spr. schag).

Schraders Worten: „„... nach welcher (der Dr. Oppertschen Uebersetzung des Monolithen) dann wiedernm I. Grivel in Freiburg seine Uebersetzung gefertigt hat" — Deutsch-Morgenl. Ztschr. Jahrgang 1869, B. XXIII, S. 374 — Herrn Dr. Oppert nicht seine eigene, sondern die Oppertsche vorgelegt hätte.

Was endlich die Richtigkeit Beider betrifft, so möge dafür ausser dem von I—X, dann von 1—9 Beigebrachten noch sprechen:

1) Das Raffinirte an den Sardanapalischen Bauten ist in den vorausgehenden Erklärungen, besonders in I und III allenthalben hervorgehoben und erklärt worden.

2) Das Schreiende in ihren Pinsel-, und das Befremdliche in ihren Meiseldarstellungen war den Assyriern ohne Zweifel nicht weniger widerstrebend als den Chinesen ihre bekannten Kunstbizarerien und den Aegyptern das Geisterhafte, Spitze, und Eckige in ihren Kunsterzeugnissen.

3) Wie nun diese durch Fernstellung, jene aber durch Schattenstellung, so haben die Assyrier durch den Zauber eines gewissen Halbdunkels das Widerstrebende derselben zu versöhnen gesucht.

4) Layard sagt in Letztrer Hinsicht: „A pleasing shadow was thrown over the sculptured walls and gave a majestic expression to the human faces of the colossal forms wich garded the entrances etc." — Nin. Rem. II 265. —

5. Das Grelle der Farben-, das Blendende der Metall- und das Befangende der Augenspiele*) durfte

---

*) Noch nach 3000 Jahren an den Nachbildungen z. B. der 2 Löwen am Saaleingang wohl fühlbar etc.

durch das volle Tageslicht nicht noch erhöht, sondern musste und konnte zweckmässiger nicht wohl gebrochen werden als eben durch Layards pleasing shadow*)" d. h. durch das versöhnende Halbdunkel welches Sardanapal durch die von ihm selbst beschriebene Beleuchtung in seinem Zauberpalaste zu schaffen gewusst hatte.**)

---

*) Freilich in anderm als Layards Sinne.
**) Vergl. III. Palast Sardanapals; denn nur diesen betrifft das Vorgebrachte zunächst.

Anhang.

Anmerkungen zu den vorausgehenden Abhandlungen.

Anmerkungen zu I: Assyrischer Saal.

1. Brunn: Beschreibung der k. Glyptothek, 1—12. — 2. Urlichs: Die Glypthotek nach ihrer Geschichte und nach ihrem Bestande. I. 3. Brunn: L. c. 12—175, der I. Ausg. — 4. Reber bei Brunn 1—11. — 5. Rawlinson: The 5 great Monarchies, II. 231—233. — 6. Layard: Discovories, in Niniveh and Babylon, 629. — 7. Rawl. L. c. II. 228—261. — 8. Unt. Nro. XXIII. Anm. 83[b] u. II. Erklär. der Inschr, passim. — 9. II. Erklär. d. Inschr. Anm. 19, 20, etc. — 10. Lay. Niniveh and its Remains, II. 297. — 11. Rawl. L. c. II. 263. — 12, Lay. The Monuments of Niniv. I. Series. Plate 6, 25, 36, etc. — 13. Botta: Monuments de Khorsabad, Plate 27, 28, etc. — 14. Rawl. L. c. IV. 334, 335 etc. — 15. Rawl. L. c. II. 226; IV. 338. — III. 16. Unt. Nro. V. Anm. 31, 32; u. Bayer. Z. No. 108, 1869 der Morg. Ausg. — 17. III. Beschreib. des Palastes, passim. — IV. 18. Dies ist, wie ihre stumpfen u. verwischten Keilgruppen zeigen, ein nicht geglückter Abklatsch des Pariser Originales. — 19. Das Pariser Original ist, so scheint es, bis jetzt noch nicht übersetzt. — 20[a] Lay. Niniv. Rem. II. 122; 460. — 20[b] Lay.

Discoveries. 348: Entrance. — 21ᵃ Lay. L. c. 112, 276, 284. — 21ᵇ Rawl, L. c. I, 168, 248, 585: Interior of an Assyrian Palace. — 22. Lay. Discoveries. Titel: Sinnachirib's Palace. — 23. Lay. Monum. II. Ser. Pl. 1. (Titel). — 24. Rawl. L. c. II. Chapt. VII—VIII, p. 1—288. bes. 228—280! — 25. Allg. Z. Beil. No. 31. S. 45 f. 1868. — 26ᵃ Rawl. L. c. II. 538—544. — 26ᵇ III. Beschreib. des Palastes. Anm. 52, 53. — 26ᶜ II. Erklär. der Inschr. No. XXVI. Anm. 113ᵃ ᵇ· — 27. Moses; Alexander: Dsul Karnaim! — 28. Das, ähnl. dem Jehova der Juden, durch kein reines Menschenbild, wie die ihm (Aschschur) untergeordneten Götter, dargestellt ward. — 29. Rawl. L. c. I. 332, 494. — 30. Rawl. L. c. IV. 598—603: References to the holy Scripture. Die hierauf bezügl. Originalstellen: im Hauptw.! — V. 31. Layard: Discov. 639; Rawl. II. 229—239. — 32. Layard. Discov. 134, 166; 507; Monum. II. Ser. Pl. 55; Nin. Remains: I. 130; II. 306, 309, 310. — 33. Beschreib. Palast. pass. — VI. 34ᵃ Rawl. II 1—225, bes. 225—280; Südd. Presse, No. 99—100, 1869. — 34ᵇ Rawl. L. c. I. 132 f.; bes. 138 ff. Südd. Presse, No. 99 —100 u. Ob. No. IV. Anm. 26ᵇ u. Unt. No. XIV Anm. 76. — 35. Rawl. L. c. III 428—469 bes. 458 ff. — 36. Rawl. L. c. III. 73—157 bes. 137 ff. — 37ᵃ Rawl. L. c. IV. 1—538, bes. 328—348. — VIII. 37ᵇ: 1870 n. Chr. + 886 v. Chr. = 2756 Jahre. S. 38ᵃ! — 38ᵃ Rawl. II. 291; II. Erklär. der Inschrift. No. IV. Anm. 42, 43, etc. — 38ᵇ = 38ᵃ u. 37ᵇ. — 38ᶜ II. Erklär. d. Inschr. No. XXXV, XXXVI; Beschreib. des Palastes: passim! — 39. A. A. Z. No. 31, Beil. 1868. — 40. Layard:

Monum. I. Ser. Pl. 2. — **IX.** 41. Lay. Discov. 165, 167 etc. u. Nin. Rem. II 185, 187, 312; Rawl. L. c. I. 477, etc. — 42. Lay. Monum. II. Ser. Pl. 53, No. 6; Rawl. L. c. I. 467—473. — 43ᵃ Lay. Monum. I. Ser. Pl. 86. — 43ᵇ Unt. XIV u. Lay. Mon. I. S. Pl. 34. — 43ᶜ Lay. L. c. I S.-Pl. 36. — 43ᵈ Lay. L. c. I. S. Pl. 35, 38. — 44. Unt. No. XIX. u. Anm., Rawl. L. c. II. 235 ff. — 45. Lay. Culte de Cypresse, XIX. de l'institut. Archeolog. — 46. Jud. III. 7; Reg. I. XVIII, 19; II. XVII, 16, etc. — 47ᵃ Homa des Zoroasters: Rawl. III. 98, 105, 127, etc.; IV. 405. — **X.** 47ᵇ III. Beschr. Pal. Anm. 35. — 47ᶜ II. Erklär. der Inschr. No. XXXVII—XXXVIII: Anm. 162. — 48ᵃ Lay. Discov. 104 ff. u. Anm. — 48ᵇ Lay. Monum. I. u. II. Ser. passim! — **XI.** 49. Lay. Discov. 110 ff. — 50. $20 \times 20 \times 20 = 8000$. — 51. Rawl. L. c. I. 496 ff. — 52ᵃ Lay. Discov. 104—117. 52ᵇ Rawl. L. c. II. 291; Oppert: Exped. en Mesopotam. II. 354, No. 12. — 53ᵃ Lay. Discov. 105. — 53ᵇ III. Beschr. des Palast. Anm. 46. — 54. Lay. Monum. II. Ser. Pl. 11, 12, etc., u. Discov. 110, u. Anm. NB. Die Darstellung bei Layard, L. c. l. c. zeigt 4 Seile st. 3. — 55. Rawl. I. 496; u. III. Beschreib. des Pal. Anm. pass. — 56. Rawl. I. 499; u. III. Beschr. d. Pal. Anm. 19 u. pass. — 57. = 56. u. II. Reg. XIX. 32; Isai XXVII. 33. — 58. Lay. Monum. II. Ser. Pl. 10—17. — 59. Rawl. L. c. I. 495—500. — 60. Heutzutage: Armuschija: Lay. Discov. 76. Anm. — **XII.** 61. Rawl. II. 303: Calah. — 62. Rawl. II. 122—146; Lay. Monum. I. Ser. Pl. 10. — 63 = 62. — 64. = 63 u. 62. — 65. Vaux: Nin. and. Persepol.

übersetzt v. Zenker, 173. — 66. Lay. Monum. I. Ser. Pl. 10, 27, etc., Discov. 459; Rawl. I. 459—460. — 67ᵃ. Rawl. I. 428 ff., II. 345. — 67ᵇ II. Erklär. der Inschr. Vorbemerkung; No. XXXX; u. Anm. 169. — XIII. 68. Lay. Monum. I. Ser. Pl. 45, 64, 86 etc. ··· 69. Lay. Mon. I. Ser. Pl. 44; etc. — 70. Lay. I. Ser. Pl. 35, 36, 44; etc. — XIV. 70ᵃ. Die grösseren 5 Reliefs sind je circ. 8 $\frac{1}{4}$ F. h. u. 5 $\frac{1}{2}$ F. br.; die zwei kleinern dagegen je circ. 4 $\frac{1}{4}$ F. h. u. 3 $\frac{1}{4}$ F. br. — vrgl. Brum L. c. S. 13 (Anfang)! Dieses äussere Umfangsverhältniss der Reliefs ist von der grössten Bedeutung für die Feststellung des Umfanges der Inschriften darauf. — Die Gleichheit der Reliefsgrösse lässt auch auf die Gleichheit des Umfanges ihrer Inschrifteninhalte schliessen. — 70ᵇ Die zwei kleinern Reliefs haben zusammen denselben Umfang als eines der übrigen 5 Reliefs. — Auch kömmt der Umfang des Inschrifteninhaltes von je einem der letztern dem Umfange des Inhaltes der zwei erstern u. kleinern zusammengenommen gleich. — Vrgl No. XXIII. Anm. 88ᵇ! — 71. Lay. Discov. 42. Anm. — 72. A. A. Z. Beil. No. 31, 1868. — 73. II. Erklär. der Insch. u. III. Beschreib. d. Pal — 74. Lay. Monum. II. S. Pl. 1. (Titelbl.) 75. Rawl. II. 291; 505; IV. 574. — 75ᵇ Genes. X, 11, 12; II. Reg. XVIII, 11; Chronic. 26 f.; Xenoph. Anab. 3. C. 4, 6. — Rawl. I. 251—252. — 76ᵃ Ob. No. VI Anm. 34ᵇ; 36, etc. — 76ᵇ II Erklär. der Inschr. No. I. Anm. 19, 20, 21; No. III. Anm. 42, 43 etc. — XV. 76ᶜ Lay. Nin. Rem. I. 4; Discov. 355, 358; Rawl. I. 251—254. — 76ᵈ Lay. Nin. Rem. I. 130; II 306, 309, 310; Discov. 134, 166 u.

Anm.; 507, bes. Appendix III: 670—674. **XVI.**
76* Rawl. II. 263; IV. 335; Lay. Monum. I. Ser. Pl.
6, 25, 28; Botta Monum. Pl. 27, 28; Lay. Mon. II.
Ser. Pl. 5; Rawl. II. 266. — 76ᵈ. Lay. Monum. I.
Ser. 34, 36. — 77. Raw. II. 264, Lay. Nin. Rem.
II. 459; — **XVII.** 78ª = No. XVI. Anm. 76* auf
S. 8! — 78ᵇ = 78ª! — 79. Bes. aber II. Erkl.
der Inschr. I—XL. — **XVIII.** 80. Aehnlich den
russisch. Ruriks u. spätern Zaren, als den Abkömm-
lingen derselben Skythen u. Altchaldäer, von denen
die alten Assyrier wie ihre Keilschrift so auch viele
ihrer religiösen Gebräuche entlehnt hatten. Pierson,
S. 80 seiner Schrift „Russlands Vergangenheit. —
81. Brunn: L. c. S. 15: „Kalbsköpfe"; vrgl. dagegen Rawl. L. c. II. 144, u. Lay. Monum. I.
Ser. Pl. 91, No. 29, 30, 31. — **XX.** 82. Lay. I Ser.
Pl. 34; No. XIV. Anm. 70a u. b.; Nachrede! u.
No. XXV. Anm. 88ᵇ. — **XXII.** 83ª III Beschr. des
Palast. — **XXIII.** 83ᵇ Erkl. der Inschr. No. I. et
pass. — 83ᶜ Rawl. L. c. 232. Fig. I—IV! —
XXIV. 83ᵈ. II. Erkl. d. Inschr. Vorbem. — **XXV.**
84. Südd Presse: No. 99—100, 1869. — 85. Erklär. der Insch. Vorbem. et passim. — **XXVI.** 85ª·ᵇ
= 83ᵈ! — 86—87. No. XXII—XXV. u. bes. II.
Erkl. der Inschr. I—XL. — 87—88ª·ᵇ = 80! —
In diesen Zahlen u. in dem zu No. XIV Anm. 70ª,
wie zu XVIII. Anm. 80 Gesagten liegt der Beweis
der Herstellbarkeit des Textes jener Reliefs, von
denen die einen zwei am Rande R. u. die andern
zwei am Rande L. ein wenig beschnitten sind.
Das siebte Relief, G zeigt in der Mitte von unten
herauf kahle Stellen u. ist das einzige von gekürz-
terer Fassung. Nachrede! — 89ᵇ⁻ᶜ II. Erklär. der

Inschriften; Rawl. II. 122—146, n. 345—347. — **XXVII.** 90: S. Nachrede! — 91. Ob. No. XXIII. u. Besch. des Pal. — 92—92ᵃ. Jon. III. 5—9 bes. III. 10; Rawl. II. 273—279. bes. 275—277; Heredot IX. 24 III. 441 ff.; Lay. Discov. 229. — **XXVI.** 92ᵇ—97. Lay. Nin. Rem. II. 110 ff.; Discov. 459; 673; 674; Rawl. I. 478 ff.; II. 411: assyr. art; bes. 459—501, n. 347—355. — 98—100. Erklär. der Inschr. I—XL; Rawl. II. 337—343 (Krieger); 343—347 (Jäger); 347—357, bes. 347—351 (Bauherr); 351—357 (Künstler); III. Beschreib. des Palastes. —

Anmerkungen zu II: Erklärung der Keilinschriften. —

Vorbemerk. 1. Beil. zur A. A. Z. No. 109, 1867; No. 31, 1868; Hptbl. No 10 u. No. 18, 1869. — 2. Brunn: Beschreib. der Glyptothek, S. 12—16. 3ᵃ. I. Erklärung des assyr. Saales, No. XX. — 3ᵇ = I. Saal No. XIV. Anm. 70ᵃ etc.! — 4ᵃ. I. L. c. No. XIV. Anm. 70ᵃ. — 4ᵇ I. L. c. No. XXVI. Anm. 88ᵃ·ᵇ. — 4ᶜ Rawl. I. 427—453; I. Erk. Saal. No. XXIV. — 5. L c. No. XXI. — 6ᵃ. = 5. — 6ᵇ II. Erklär. der Inschr. No. XL etc. — 7. Oppert: Exped. Mesop II 339 f. — 8. Lay. Nin. Rem. II. 459. — 9. Rawl. 5. gross. Monarch. II. 265. — 10. Raw. L. c. II. 265. (Anm. 9, bes. 10). — 11. Oppert: L. c. II. 53, 359 f. — 12. I. Erklär. Saal. No. XXI. — 13. I. L. c. No. XXIV. — 14. Raw. L. c. II. 354 f. — 15. Layard: Nin. Babyl: Discoveries; 351. —

16. Die Thatsache der bildlichen Anwesenheit ist eine unzweifelhafte. Der Kausalnexus in der Geschichte der Assyrier, wie er in den Werken der Engländer: eines Layard, Rawlinson etc.; der Franzosen: eines Oppert, V. Place etc. auf Grund von den Tausenden der ausgegrabenen Gegenstände zu Tage tritt, gibt sie unzweifelhaft an die Hand des Beobachters; I. Erklär. des Saales No. XXIII. XXVII; III. Beschreib des Palastes, etc. — 17. I. Erkl. d. Saal. No. XXI. XXIV. — I. 18. Die ersten zwei Keilbilder sind geschrieben bit-rab (domus alta), müssen aber gelesen werden sarru rabu (status emphaticus: hic [est] rex augustus; Anm. 48!) nach Analogie von bît-irdsitî (domus terrae, Häuser, Königshäuser der Erde) übertragen „reges terrae" „reges" überhaupt" u. ausgesprochen: malki (reges). Vrgl. No. II. Anm. 33! u. No. V. Anm. Vrgl. ferner noch I Saal: No. XXV! — 19. Ueber die neun mitunter ganz abweichenden Lesungen dieses Namens kann des Raumes wegen nur in der ausführlichen Arbeit Rechenschaft gegeben werden. — 20. Rawlinson schreibt in seiner neuesten Arbeit: The 5 great Monarchies, II. 544 As shur-idanni-pal, Oppert: Expedit. II. 353, No. VIII A-sur-id-dan-na-pal-la u. lässt ihn regieren 884—859 (II. 290), IV. 574 dagegen 886—858; Oppert: L. c. I. 331: 922—899. — 20. Deus donavit filium = Theodat, Theodor etc. — 21. 'Schur-da na-'abal, gräcisirt $\Sigma\alpha\rho\delta\alpha\nu\acute{\alpha}\pi\alpha\chi$ wäre also die richtige Lesung und Schreibung des Namens. Diese ist auch durch den griechischen Accent $\Sigma\alpha\rho\delta\alpha\nu\acute{\alpha}\pi\alpha\lambda o\varsigma$ documentirt. 22. Nicht Sakkanaku (Vicarii, es müsste heissen Vicarius, als Apposition zu Sarru rabu [bitrab])

sondern naschiku (osculans): Opp. L. c. II. 99. No. 41; 333, 339: kein Ideogramm sondern 2 ganz andere Gruppen! etc. — Vrgl. Anm. 25! — 23. Nicht nisit (pupilla) sondern = 22: naschiku (osculans: ganz dieselbe Gruppe nach der Münchner Inschrift. — 24. Die neben der Uebersetzung laufenden Erklärungen für den Laienleser hat der Fachmann auf Grund der beigegebenen gelehrten Nachweise vom Texte zur Richtigstellung seines Urtheiles wol zu unterscheiden: = 25. Nicht ni (-sit) [pupilla] sondern dsalmani (imaginis: Ideogramm u. Exponent des Gen. zum vorausgeh. Aschschur; daher auch nicht (ni-) sit [pupilla] sondern, gleich Anm. 22, naschiku (osculans). — 26[a] Naram laudibus extollens fuit etc. — 26[b] Rawl. L. c. II. 242 ff. — 27. L. c. 252. — 28. L. c. 239. — 29. L. c. 244. — 30. Nicht servus (kasnus) sondern delectus, dilectus (kas(ch)us(ch)) Vrgl. Anm. 34! — 31. Rawl. II. 261. — 32. Layard: Nin Babyl. 629. — II. 33[a]. Sarru dannu: status emphaticus u. Apposit. zu Sarru rabu — Anm. 18 — u. Exponent der Construction des Satzes etc. — 33[b] Sarru Bili (rex regulorum) ist von No. XXVI hieher gezogen. — 34. Kis(ch)s(ch)ati Gen nom. collect. v. kasas numeravit, elegit etc. Vrgl. Anm. 30. — 35. Aschschur Name für Gott, Land u. Stadt. Vrgl. unt. Anm. 36 u. I. Saal, No. XXIII. Anm. 83[b]. — 36. Aschschur ist wörtl. Uebersetzung des von den Altchaldäern überkommenen altturan. Annap u. ist, wie An-nap aus An- (deus) jap (iens, ambiens etc) so aus Al (אל deus) שיר (iens, ambiens, etc.) assimilirt. — III. 37. Nicht habal (status construct) filius sondern hablu (stat. emphat.)

hic (est) filius, u. zugleich Appos. zu Sarru rabu (Anm. 18, 19, 20), Sarru dannu (Anm. 33ᵃ). — 38. Ausdrücklich die Gruppe für den Expon. des Gen. sing. „i". — 39. Nicht Tuklat (—) sondern Tukultu honor, reverentia etc. (sit). — Vrgl. Opp. L. c. II. 352, VIII: anders! — 40. Nicht Šamdan (—) sondern bari (barri) [Gen. Dat: justi, justo]). — Opp. L. c.: palli (filio). — 41. Nicht sar (rex) sondern sari (sarri) [regis, regi]) u. nicht zu rabi sondern zu bari. Opp. L. c. sihr Zodiaci: ganz richtig — für andere Stellen! — 42. D. h. gloriatio etc. sit justo regi. — 43. Nicht von 890—884 sond. 886—858: Rawl. IV. 574. — 43. Raw. L. c. II. 291, 304 f. 331. — IV. 44. L. c. II. 291, 301 ff. Nicht von 910—890, s v. 909—889: IV. 574. — 45. (Deo) Aone-Incantatus. — V. 46. Nicht Magnus (idlu) s. gnädig (itlu, mansuetus, u. zwar stat. emphat., der durch die ganze Inschrift sich zieht u. mittelst der zahlreichen gram. Exponenten für die 3 casus. u (N), i (Gen , Dat.) a (Acc.) so deutlich als absichtlich gekennzeichnet ist. — 47. Nicht terribilis (gardu) s. barmherzig (kardu) praedicans fuit misericordiam, remissionem peccatorum, pauperes vocans ad epulas: v. karah, karad, karaz, pauperes vocavit ad epulas etc. — 48. Wörtl. domus terrae, (Häuser der Erde) figürl. Könige; vrgl. I. Anm. 18 (II. Anm. 33ᵇ etc.) — 49. Wörtl. die der 4 Himmelsgegenden etc. — VI. 50. Nicht ...ta (—) s. sagan (summus sacerdos, s'gon der Chald. — 51. Nicht sanin (rivales) s. scha (q. q. q), u. Bilita (dominam Mylitam). Opp. L. c. II. p. 114, No. 180: Souveraine, etc. — 52ᵃ Wörtl. der nicht abfällt; lā non, wol zu unterscheiden von l', la, Casus zeich. Vrgl. Anm. 55, 70, 71, 124, 126 etc. — 52ᵇ Raw. L. c. I. 151; II. 246. — VII. 53. Nicht nisu (—) sondern kin (firme, profecto aus kain (wie Sin aus Sain) prtc. v. kan). — 54. Nicht creaturarum (tabrati) s. loquendi facultate praeditae naturae, d. h. loquentium, etc. — 55. Nicht non (lā) s. ei, proeo, la aus lahi; vrgl. Anm. 52ᵃ etc. — 56. Nicht deficiens s. satur, sufficiens etc. — 57. Gabu-schu (—) bedeutet promtuarium-ejus, seine Vorrathskammer. — 58. Idû (—) heisst tempestivus, zur rechten Zeit, etc. — 59. Ismi (—) Gen. u. drückt aus: acervi Gen. s. (scil. granorum). — VIII. 60ᵃ. Nicht qui s. quaecunque; nicht non aequalia s. wörtl. (daran) es nicht fehlt. — Vrgl. Anm. 52ᵇ. — IX. 60ᵇ. Wörtl. Der König widerstrebend ihm (la = 55) Widerstrebungen seinen. — X. 60ᶜ Nicht complexui (naphar) s. colligens fuit (napkhar); partc., wie naram = 26ᵃ. — XI. 61. Nicht multarhi (—) s. muscharkhi (lacerantium). — XIV. 62. Baal divitem, etc. reddidit. — 63. Nicht tributa accepit earum (bilatschunu imhuru) s. reditus earum (scil. silvarum) aucti fuerunt — 64. Die Waldpflege war für die baulustigen Könige eine ihrer Hauptsorgen. S. III. Beschr. Pal. — XV. 65. Nicht capiens pignora (sabit liihi) s. florem (rerum suarum) prosperare faciens (fuit [dsabit likhi. — 66. Nicht sakin (corroborans) s. schakur (divulgans fuit). — XVI. 67. Nicht dicimus (inuva) s. dicit (inu). — 68. Sfx va: ja, nämlich; dann, etc. Vrgl. No. III. No. V.: Aschschur-va; ittallaku-va, etc. XIX. 69. Nicht telum (lakkasu) s. praepotentiam. — 70.

Nicht non (lā) s. ad (la) = 55. — 71. Nicht
eluctandum (padaa) s. bellum (padai, Gen. Dat. v.
la abhängig. — 72. Ana (—) zum Besten; eig.
entlang, etc. — 73. Nicht brachiis (ida at) s. scientiarum et artium (idāti). — 74. Rawl. II. 291, u.
ob. Anm. 42, 43. — 75. Nicht lu u itmuh (commisit) s. tibu (manifesto) idmukh (largitus est)
Anm. 152^b. — XX. 76. Nicht rapasti (ampla) s.
rapschani (conculcandos, sceleratos). — 77. Nördl.
v. Kalah. — 78. Nicht in (ina kirib) s. gelegenheitlich. — 79^a. Nicht proeliis (tamhari) s. expeditionum. — 79^b. Nicht luu-samkit (vixi (?)) s.
luschamdsak (plane devici). — 80. = 77. XXI.
81. Rawl. L. c. I. 159; II. 248. — 82. L. c. I.
152; II. 245. — 83. Die Kirkhi (Kilikier (?)) waren
mit den Ilami, d. h. Elamiten (Bergbewohner),
auch Numier, Novaki genannt, gemeinsame Feinde
Sardanapals III. Sie hiessen auch Ku khi, d. Höhlen-,
Tiefen- od. auch Ebnenbewohner im Gegensatz zu
den Ilami etc. Vgl. III. Beschreib. des Palast. —
84. Karakh fodit etc. — 85. Sapires? 86. Journ.
R. As. S. 1850. II. 428 (?). — 87. Wörtl. ich
bin über sie hergefallen. — XXII. 88. Rawl. II.
339; 342 f. — 89. L. c II. 341. — 90. L. c. II.
414. — 91^a. Berühmt durch die Schlacht Sargons,
des assyr. u. Sabaco des aegypt. Königs; L. c. II.
213 f. — XXIII. 91^b Nördlich v. Kalah. — 92.
Der Hohe. — (v. aram, wovon obig. naram Anm.
26^a. — XXIV. 93. Verb. Kharar, aruit, etc. —
94. Chorasan?. — 95. Nebenfluss des Tigrisstromes.
— 96. Tumulus foederis; etc. — 97. Offenes (?)
Land. — 98. Schaph v. badan firmus fuit etc. —

99ᵃ. Aus sa, non, u. dem vorausgeh. W. gebildet.
— 99ᵇ. Gegensatz von Sabdan. — 100. Gleich
aram; vrgl. naram: Anm. 26ᵃ. — 101. Kara arsit,
etc. — 102. Bara, produxit, etc. — 103. Noch
h. z. t. von den Arabern bewohnt. — 104. Pforten
— d. h. Westland, entgegen dem Kaschmar im Osten.
— 105. Das heutige Caschmirien (?). — XXV. 106.
Wörtl. welche ich herrsche über sie (scha apilu
schi nani. — 107. Nicht urduti (obedientes) s.
likduti (ad = l' ikduti fractionem, frangendum, con-
tundendum v. kadad u. kada contudit, fregit etc.)
— 108. Wört. damit gebrochen werde. — 109.
Nicht yubu su (fecerunt) s. schambu-schu (desertio-
ejus, h. e. defectio-abeo, scil. Sardanapalo). —
XXVI. 110. Nicht dominus (rubu) s. sacrosanctus,
der Unverletzliche (bin) ich. Vrgl. Anm. 146!—
111. Nadu aus nahidu (augustus). — 112. Nicht
collens (palih) s. servus (palikhu, prtc. v. palakh,
servivit, etc.). — 113ᵃ. Nicht utag-gallu (legatus
potens) s. utagu-rabu (legatus augustus, magnus,
inviolabilis, unverletzlich: Vicarius.) — 113ᵇ. Vikar: also haben auch die Assyrier schon einen
geistlichen König, einen Statthalter Aschschurs
gehabt, wie die Altrussen in ihren Kriwe einen
hatten, wie die Budhisten in ihren Dalai-Lama u.
wie wir in unserm Pabst einen haben. — Vrgl.
I. Erklär. Saal. Anm. 91! 114ᵃ. Nicht ... lu (—)
ikdu (inspector) s. dipiqu kinu (prosecutor, assecla
firmus. — 114ᵇ. Wörtl. Treuer Verfolger. — 115.
Nicht kasid (disponens) s. kamischu (numen, Pro-
tector). — 116. Nicht silvis, qua Waldungen
(harsani) s. als Gegensatz zu den vorausgehenden
irani (Städte): Dörfer u. Weiler in den Wäldern

(Genes. Thesaur. I. 528—530ᵇ), wie auch aus dem Nachfolgenden sich ergibt. — 117. Nicht gentibus eorum (gimri-schunu) s. incolarum earum sc. urbium et silvarum, d. h. der Städte u. der auf dem Lande d. h. in den Wäldern zerstreuten Bewohner etc. — 118. Nicht dominorum (bili) s. regulorum id est satrapum, wie der Context an die Hand gibt. — XXVII. 119. Nicht ... i, d. h. zum Pluralzeichen nochmal ein solches, s. Ideogramm für das Wort aq'ib: insidians sum (áq'ab insidiatus est, etc.). — 120. Nicht castigans s. detegens fui (mulaid, v. láad, tacite composuit, redegit in ordinem etc.). — 121. Nicht impios s. tecta (iksuti, v. kasa, texit, etc.). — 122. Nicht transiens s. studiose occurrens fui (apîr, v. apar vehementer occurrit etc. — 123. Nicht lumati (expostulationes) s. khumati (perturbationem sc. civitatis, s. publicam als Gegens. zu tecta (Diebstahl): offener Raub, Gewaltthat) v. khama u. hama, con-, perturbavit etc.) — 124. Nicht non (lā) s. ihm, dem (lahi = la, wie nahidu = nadu — Anm. 55, 110)! — 125. Nicht deficiens s. satis, valde, permagnum — vrgl. Anm. 56! — 126. Nicht ukmat (—) s. marur (supplicium etc.). — 127. Nicht ursanu (—) s. ... ur gehört zu mar-ur (126) u. schanu bedeutet acerbitas, studium (sana = schana u. schanan (acutus etc. fuit) iterum, i. e. studiose fecit, acri sermone petiit etc. — 128. Wörtl. Eifer (schana) ist ihm (la) die od. zur Wiedererstattung, pretium redemtionis (padu, v. pada, secuit, separavit etc. etc.). — 129. Nicht nequitiem s. artes arcanas et magicas (v. ánan texît, d. h. heimlich, geheimnissvoll etw. thun etc. Ges. Thesaur. II. 1052, 1053). — XXVIII. 130.

Tana steht f. tanahi — vrgl. Anm. 124 etc.! —
u. heisst iterum distribuens fuit = largitor (tanah,
porrexit, dedit etc.; u. tanan extendit etc.). —
131ª. Dati statt dahiti — vrgl. 130, 124 etc. —
u. heisst rerum prosperarum conditionis, prosperi
rerum status (gen. nom. collect. v. daha u. dsaha,
floruit, etc.). — 131ᵇ. Wörtl. (ego sum) rex largitor prosperi rerum status. — 132. Nicht in
(kibit) s. bedachtsam (kabat, = kabad gravis fuit
etc.). — 133. Nicht ka (—) s. irisch u. iris res
domesticae) lectus, virginitas (árasch, exstruxit,
lectum etc.) — 134. Nicht ... su-us (—) s. schusch
(lubenter) v. schisch u. schusch, facies ejus prae
gaudio illuxit etc. — 135. Kin (—) heisst pros-
piciens, providens tutans fui u. st. st. kahin —
vrgl. kin in No. VII. Anm. 53! — (v. kahan
praedixit, prae-providit etc.) — 136. Nicht matu
(—) s. matuv (vias), wie Anuv nicht Anu: No. I.
Anmerk. 28 — st. st. matuva od. matuvi u. bedeutet rationem eundi etc. (v. ata ivit, venit etc.)
— 137. Nicht ... i, d. h. pluralz. zum pluralz.
--- vrgl. Anm. 119! — s. Ideogramm od. Keilbild
für kipi (vallium,. v. kapa cavus, profundus, humilis etc. fuit). — 138. Nicht tamati (abyssos) s.
apschuti (palludum, v. abasch. sordida fuit sc. aqua
etc.). — XXIX. 139. Nicht sarrani ni, d. h. 2
plnrlz. — 137 —, u. daher auch nicht ikduti (ob-
stinaces) s. nikduti (obsequii = obsequentium, v.
nakad = akad[aram = naram] ligavit) — 140. Nicht
non (lā) s. l', la, = lahi, — Anm. 124, 128! —
141ª. Nicht paduti (finitimos) s. khaduti (suscep-
tionis s. executionis = ex sequentium, v. khada,
khadad suscepit, perfecit (res novas etc.). — 141ᵇ.

Wörtlich: Die Könige der Bereitwilligkeit zur Ausführung (sc. meiner Absichten). — 142. Nicht sa pa (—) s. schapa = schapahi — 131ᵃ — (late v. schapah, schapakh, extendit etc.). — 143. Nicht in unum redegit s. in uno eodemque (mecum) acquiescere feci (ana ischtin uschaskin I. prs. s. Schaph v. sakan quievit etc.: Ménant, gram. assyrienne, 179). — 144ᵃᵇ. Kalhu, Nom. Dessen Gen. Dat. Kalhi, Acc. Kalha (Perfectus s. antiquus sc. locus v. Kalah, Kalakh. — 145ᵃ. Rawl. L. c. II. 291—303. — 145ᵇ. Nicht Salman-nasir (—) s. Schalma-nudsir, Friedensfürst, wörtl. pacem (schalma Acc. v. Schalam. Gen. Dat. Schalmi) custodiens (nudsir v. nadsar, custodivit) sc. rex; Oppert: L. c. II. 353. IX. — 146. Nicht rubuu (dominus) sondern rubati (sacrosanctae — Anm. 110) Gen. s. f. zu mat Aschschur (terrae Aschschur). — 147. wörtl. war wandelnd; (partcp. v. alaq = halaq', processit etc.). — 148ᵃ. Nicht i-na-ah-va (abierat et) sondern inakhma (ingemuit) v. nakham. — 148ᵇ. Nicht islal (perierat) s. ismar (horruit etc.) von samar. Das alte Kalah scheint also durch ein Erdbeben zu Grunde gegangen zu sein. — XXX. 149. Nicht denuo (ana issuti) s. ex collapsu ana ischschuti, form. intens. v. asa u. ascha laesit) nom. collect. Gen. s. — XXXI. 150ᵃ. Seriker (?). 150ᵇ. 2. Reg. XIX. 12; Isai. XXXVII. 12; Rawl. II. 343. — 150ᶜ. Nicht Lubarna (Lubarnae, nom. propr.) sond. Ana lubbarna (in tiefem Süden, wörtl. im (ana) Herz (lubb, oder libb...) Süden (arna, v. ara = hara, wie alakh = halakh: Anm. 147, arsit [aron, ardor] etc.). — 151ᵃ. Wörtl. in das Herz (ina libbi. Anm. 150ᶜ. — 151ᵇ. Rawl. II.

314. — 152. Tul, turris; Festung; Tel, Hügel etc.
— 152ᵃ. Nicht Tul (tumulum) s. tulu (tumulus).
— 152ᵇ. Nicht labiru (antiquum) s. la = lahi (ei)
— Anm. 40 etc. u. biru (creatio, Gestalt, Umfang,
v. bara creavit etc.) — 153ᵃ. Nicht luu nakiir
(mutavi) s. tibu (belle = tob) nakiru (mira res v.
nakar, scivit etc.) s. Anm. 75! — 153ᵇ. Wörtl.
Tumulus quoad circuitum belle mirus id est permagnus
est. — 154. Ana 120 tikpi d. h. ex, ad,
120! — vgl. ana ischschuti ex collapsu: Anm. 149!
— Fuss, eigentl. palmas (kapa, kapap, curvavit, extendit
etc. Kapap). — XXXIII. 155. Nicht pro
muspali (ina muspali) s. Per superficiem sc. tumuli
(ina muschpali, v. sapal u. schapal, depressus, humilis,
planus etc. fuit). — 156ᵃ. D. h. einen Palast
mit 6 palastähnlichen Sälen. Die byzantinischen
Geschichtschreiber nennen bei ihren Bauschilderungen
die ganz grossen Säle stets palatia. —
156ᵇ. Nach diesen 6 Holzgattungen war jeder einzelne
Palast od. Saal benannt. — XXXIV. 157.
Nach Rawlinsons neuester Berichtigung: 28 Jahre.
L. c. IV. 574. — XXXVII. 158. Nicht restitui,
(U-si-zi-iz) s. micare feci (uschidsids; Schaph. v.
dsuds dsids). — 159. Liva (Acc. oculum, oculi lucem,
lucis flexum etc. v. lava(h) s. lua(kh) flexit,
s. splenduit etc. IV. Beleucht. S. 35). — 160. Uschîm
(immisi, v. schum, schim) od. aber diem efficere feci
(Schaph v. jum, jim, calor, lux, dies etc. fuit). —
XXXVIII. 161 = 163ᵇ. — 162ᵃ. Nicht Kar-ri (ex laminis)
s. ina sanri (über das Dunkle, von sa-nar sine
luce: Gesen. Thes. II. 961 etc.) — 162ᵇ. Oder
aber Ina sanri (per arma = Geräth, Wandtäfelung
etc., splendore lucescentia, v. sanar, striduit armo-

rum sonitu; übertragen: resplenduerunt arma (Wandtäfelung) splendore etc.) — 163ᵃ. Livu Nomin. s. 159. — 163ᵇ. Nicht sikat ((su) (tegumentum (ejus)) s. si-q'ru-schu (reflexus, reflexio, respectio ejus, v. saqar, circum-, respexit etc.) — 163ᶜ. Nicht siparrë (ferreis), s. dsipari (aere levigatos, aere obductos sc. parietes, v. dsapar, rasit, laevigavit, aere obduxit etc.) Vgl. IV Beleucht. Schluss, S. 35. Anm. — 164ᵃ. Nicht inserui I pr. s. largiter effusus est (jusarrikh. forma intens. v. sarakh, effudit etc.) — 164ᵇ. IV. Schl. No. 1—5: Beleucht. — XXXIX. 165. Norris: umrani (Assyr. Diction 132. nota); Opp. (II. 344 et pass): taprani (cupressus). — XXXX. 166. Nicht ejus (sa) s. quaecunque (scha): an Gebild. aus Erz, etc. — 167. Nicht urati (disposui) s. kuschriti (nom. collect., gen. s. prospero eventu, v. Kaschar, rectus etc. fuit). — 168. Nicht madis (multo modo) s. baim = bain (pro intellectu, peritia etc.) — 169. = oben I. u. Anm. 6ᵇ; vgl. noch I. Assyr. Saal No. XII. Anm. u. 67ᵃᵇ. — 170. IV. Beleucht. des Pal. S. 37. 1—5! —

Anmerkungen zu III: Palast Sardanapals.

1. Bayer. Landeszeit. No. 108, 1869, Morg. Ausg. — 2ᵃ. Unveränd. Abdruck. — 2ᵇ. Bayer. Z. N. 163 etc. 1867. — 3. Layard: Munum. of Niniveh. II. Ser. Pl. 1 (Titel). — 4. Soviel bekannt, z. Z. noch nicht veröffentlicht. — 5. Die zum Verständniss nothwendigsten finden sich im Folgenden angegeben, im vollst. Werke aber ausführlich wiedergegeben. — 6. Wasserland, wie die zwei Keilbilder darstellen u. ihr altturanischer

Wortlaut besagt, u. wie auch ihre niedrige Lage am Tigris u. die häufigen Ueberschwemmungen u. die desshalb nothwendig gewordenen, mitunter stupenden Terrassenbauten bezeugen. Vrgl. II. Erklär. der Inschr. No. XXIX—XXXIII. u. IV. Beleucht. des Palast. — 7ᵃ. Assyr. Uebersetz. der zwei alttur. Wörter: Wasserland; wie z. B. Aschschur Uebersetz. der alttur. W. Annap, — II. Erkl. Insch. No. I Anm. — od. wie assyr. Pakidi-Arathi die Uebersetz. v. alttur. Kukhi (Landeshut etc.) ist. Vrgl. L. c. No. XXI. Anm. 83 etc ! — Unt. Anm. 8. — 7ᵇ. Norris: Memoir on etc. s. l. — 8. Die Gruppenvariante von Kir ist Ku — Layard: Inscript. Cuneif. 1851, p. 4, 1. 19, die zwei letzten Gruppen. — 9. Rawlins. I. 311 ff. u. 356, Lay. Discoveries, 591, 614, 615, 632, 640, 643; Nin. Babyl. II. 242. — 10. Rawl. I. 313; Lay. Discov. 339, Anm. 354. — 11. II. Erklär. Inschr. No. XXIX. Anm. 151: ina libbi etc. — 12. L. c. No. XXIX. Anm. 144. — 13. L. c. XXIX. Anm. 145ᵇ. — 14. Anm. 42, 43! — 15. II. Erklär. Inschr. No. I. Anm. 18—21. — 16. Erklär. Inschr. No III. Anm. 37—43. — 17. L. c Anm. 44, 45. — 18. L. c. Anm. 9, 10. — 19. II. Erklär. Inschr. No. XXXII. Anm. 152—154; No. XXXIII. Anm. 155; I. Erkl. Saales, No. XI Anm. 56, 57. — 20. Rawl. L. c. II. 347 ff. — 21. II Erkl Inschr. No. XXXV. — 22. L. c. No. XXXVI. — 23. L. c. No. XXXVI. — 24. I. Erkl. Saal. No. III—IV. — 25. III. Beschr. Palastes. — 26. L. c. u. Erkl. Saal. No. III—IV. — 27. L. c. = 26, 25! — 28. II. Erkl. Inschr. No. XXXVII, XXXIX. — 29ᵃ. L. c. No. XXXIII. Anm. 156ᵃ. — 29ᵇ. II. Erklär. Insch.

XXXIII. — 29*. L. c. XXXIII. — 30. II. Erklär. Inschr. Vorbem. — 31. Lay. Monum. I. II. Ser. pass. — 32. L. c. I. S. Pl. 84—92; Discov. 134; 166; 507; Anm.; Nin. Rem. I. 130; II. 306; 309, 310. — 33 = 32! — 34. Lay. Monum. I. S. Pl. 2. — 35. II. Erkl. Inschr. No. XXXVIII. Anm. 162 u. IV. Beleucht. Schl. 1—5! — 36. Rawl. L. c. II. 265 f. — 37. I. Erklär. Saal. No. III—IV. — 38. Layard: Monum. I. S. Pl. 2. — 39 = 38. — 40 = 39, 38. — 41 = 40, 39, 38: wenn von Dergleichen keine Spur in den Ausgrabungen gefunden werden konnte, so liegt das in der Natur dieser zarten Gegenstände etc. — 42. II. Erklär. Inschr. No. XXXVII—XXXVIII. — 43. Rawl. I. 112; Lay. Monum. I. S. Pl. 5, etc. — 44. Lay. Nin. Rem. II. 335; Rawl. L. c. II. 109. — 45. Lay. Monum. I. S. Pl. 77 etc. — 46. L. c. I. S. Pl. 83; II. S. Pl. 33, 34; 36; 44; 49, 50 etc. — 47 = 46! — 48. Rawl. L. c. II. 271. — 49*. Lay. Monum. II. S. Pl. 4. — 49^b. Rawl. L. c. I. 300; II. 228; bes. 278 f. Oben. Anm. 31. — 50 = 32. — 51. Lay. Nin. Rem. I. 10; II. 350, pass. — 52. Lay. Monum. I. S. Pl. 51, 52, etc. — 53. L. c. I. S. 92, 95*. — 54. L. c. I. S. Pl. 34, pass. Rawl. II. 263. — 55. Rawl. L. c. II. 265, 266, pass. Lay. II. S. Pl. 5. — 56. I. Erklär. Saal. No. XIV. — 57—75. L. c. XVI. — 76—78. L. c. No. XXIII. — 79—80. Rawl. II. 97 ffg. u. 100; 121; Lay. Nin. Rem. II. 103; 467; 470, 471. — 81—83. Rawl. L. c. II. 242 ff.; Lay. Nin. Rem. II 267. Anm. — 84. Lay. Discov. 343, 350 ff. — 85—86. Nur aus der Gesammtgeschichte Assyriens u. zwar aus Mangel an bildl. Darstellung, zu ent-

nehmen; übrigens Lay. Discov. 229, u. Rawl. L.
c. III 95; 441; 443. — 87—91. I. Erklär. Inschr.
No. XXXV. XXXVII. — 92—95. Lay. Monum. I.
II. pass. — 96—98. Erkl. Insch. No. XXXV;
XXXVI. — 99—101. L. c. No. XXXIII. XXXIX.
— 102—106. L. c. No. XXXX. — 107—108. L.
c. No. XXXIII—XXXIV. — 109—112. Dionys.
Perieg. v. 1005—1008; Priscian, v. 950—953;
Ruf. Fest. Avien. v. 1196—1201; Zephan. XI, 14;
Jerem. XXII. 14; Reg. I. VI. 15; VII. 3; Wilkinson: Ancient Egyptians: II, 125. — (Lay. Nin.
Rem. II. 264 ff.). —

Nachtrag zu II: 157ᵃ Nicht — (—) s. áqip (ich
habe erschlichen, v. áqap: II. Anm. 119). — 157ᵇ.
Wörtl. die grossen Thiere der Berge habe ich
geholt u. der Meere. — 175ᵃ. Wörtl. U. diese
habe ich (zu) Marmor (buntem Stein) hellem u.
Marmor dunklem gemacht. —

Erklärung

an Hrn. Joseph Grivel, w. Tresorier zu Freiburg in der Schweiz.

Mit Vorstehendem beabsichtige ich u. A. auch Sie und Ihre Ausstellungen[1]) an den berühmten König-Ludwigs-Inschriften im assyrischen Saal der Münchner Glyptothek nach allen Seiten hin zufrieden zu stellen. — Die Erklärung der so gut und ganz erhaltenen[2]) als wertvollen[3]) Keilinschriften dürften Sie der Art finden, dass Ihnen auch das Uebereilte und Irrtümliche jener Bemerkungen[1]) einleuchten wird, die Sie nebenbei[1]) an meiner Arbeit, ehe sie erschienen war, zu machen für gut gefunden haben. — Einfache Darlegung Ihres Handels mit mir[1]) in kurzen Absätzen ist das wirksamste Mittel, Sie und jene Herren, die von Ihnen beirrt worden sind, endgiltig aufzuklären:

1) Bei Behandlung der Zürcher Inschriften hatten Sie sich an die Hrn. Dr. Pöhlmann und Wolf dahier mit der Frage gewendet[4]), wer sich mit Erklärung der gen. Inschriften befasse? —
2) Eine Frage, der desshalb, weil Sie die Antwort zum Voraus gewusst hatten, natürlich eine beson-

dere Absicht zu Grunde lag; denn 3) nach erfolgter Antwort waren Sie es, nicht aber ich, wie Sie in der A. A. Z. zu behaupten den Mut hatten[1]), der in 7, nicht[1]) aber 13 Briefen innerhalb weniger Wochen a) zuerst Aufklärung über einzelne Keilgruppen, dann b) über die Inschriften überhaupt, endlich c) die Abschrift sämmtlicher 7 Keilinschriften selbst von mir verlangt hatte. — 4) Hierauf war ich es, nicht aber Sie[1]), der Ihnen willfahrt und Ihrem Wunsche entsprechend auch schleunigst die Copien zugesendet hatte. — 5) Letzteres war aber nur möglich, weil ich die Abschriften, und zwar gemäss k. Erlaubniss[6]) für meine Zwecke schon 1 Jahr — wolgemerkt, H. J. Gr.! vorher gemacht und nach diesen sodann die Ihnen zugeschickten Copien gefertigt hatte[7]). — 6) Hiebei werden Sie hoffentlich auch gelten lassen, dass ich mit meiner Arbeit, ehe ich die untertänigste Bitte um jene Erlaubniss an des König-Ludwigs I. Majestät gewagt, vernünftiger Weise doch wol im Reinen sein musste, aber auch konnte; denn Layards Inschriften-Sammlung von 1851! wolgemerkt und meine vom Jahre 1844 datirenden[5]) Keilstudien! wolgemerkt, H. J. Gr.! hatten dies möglich gemacht. — 7) Auch hat es den Schein als habe ich Ihr Vertrauen hierauf nicht getäuscht; denn 8) — Sie, Herr Rentenbeamter! sind es gewesen, der mir für die Bagatelle einer solchen Keilarbeit das unerhörte Honorar von 9 fl. 20 kr. in menschenfreundlicher Absicht hatte zuwenden wollen[8]). — 9) Zu eben der Zeit nun, da ich jene meine Arbeit, wovon die vorliegende nur ein gedrängter Auszug auf 60 enggedruckten Seiten ist, grösstentheils vollendet hatte, haben Sie,

H. J. Gr.! die Ihrige und zwar auf magern 4 Quartblättern nicht ohne bedeutende Lücken, schlecht lithographirt und noch schlechter und lückenhafter übersetzt[9]) veröffentlicht[10]), 10) approbirt (approuvé) von dem Assyriologen Dr. Oppert, etc. in Paris, 11) (dessen Autorität ich selbst anerkenne), wie Sie sich gegen mich brieflich[13]) gerühmt, und wobei Sie 12) mir zugleich warnend[11]) die Veröffentlichung der meinigen untersagt haben[12][13]). — Warum das, Hr. J. Gr.? Hierauf will ich für Sie antworten: 13) „Das Verfängliche an meinem Sargon[5])-Gebet[5]) ist es gewesen, was Sie beirrte"! — 14) Wenn Sie nun sagen[1]), dass weder das Eine[5]) noch das Andere[5]) auf den i. R. st. Inschriften vorkomme, so gebe ich Ihnen hierin gerne recht, H. J. Gr.! denn der Name „Sargon" kömmt so, wie er z. B. bei Dr. Oppert: Expéd. Mésopot. II. 343 „Sar-gina" sich findet, in der That nicht vor; aber so wie er L. c. 339 „Sar-du[14])", ideographirt steht, kann er auf der Inschrift C—E zusammengesetzt werden und zwar, wolgemerkt, H. J. Gr.! wol duzendmal! — 15) Und hierin liegt eben jenes Verfängliche für Sie! jenes Aristophanische „$\pi\varrho οσουρήσαντα$ $τῇ$ $τραγῳδίᾳ$, um nicht zu sagen „$τῇ$ $κωμῳδίᾳ$" d. h. Ihr jugendlicher Keilübermut, der Sie beirrt hat. — 16) Was aber das Gebet angeht, so geht es wol an, Sie zu versichern, dass es „ein prägnantes, saftiges Gebet um eine gesegnete Teknopojie" gewesen ist, dergleichen Sie freilich nicht herausbringen konnten[15]). — 17) Und wenn Sie auch hievon sagen, dass ein solches auf den Ihnen vorliegenden Inschriften nicht vorkomme, so gebe ich Ihnen auch hierin abermal Recht; denn

es kömmt auf Inschr. C—E¹⁶), d. h. auf der der
Zürcher entsprechenden wirklich kein solches vor.
Wo findet es sich also? — Auch auf Ihren sonstigen Zürcher Vorlagen nicht! — 18) Aber der
assyr. Saal in München enthält eben noch weitere
5 Basreliefs mit 5 weiteren Inschriften. — Sie
haben aber auch diese Thatsachen⁵) in Ihrer angezogenen Antwort¹) ·halb verschwiegen, halb in
Abrede gestellt¹), d. h. mich der Möglichkeit beraubt, Ihnen überhaupt etwas klar zu stellen. —
Ich muss mich daher, Ihnen gegenüber¹), H. J. Gr.!
hier öffentlich auf die Namen jener ehrenfesten
Männer berufen, denen ich das i. R. st. Gebet sowol, als auch die Beschreibung des Palastes Sardanapals III. teils vorzulesen, teils vorzulegen
die Ehre hatte: k. Conserv. Prof. Dr. Kuhn, k. Kabinetssecret. Hofr. Dr. Hüther, k. Reg. Präsid. Dr.
v. Pracher, k. Ministerialrath Dr. v. Leinfelder,
k. Univers. Prof. Dr. Lauth, k. Gymn. Prof. Vic.
Dr. X. Richter. — Wie aber die in III. gegeb.
Beschreibung des Palastes mit jener, anfangs meiner
Ausführungen den gen. Herrn vorgelegten Arbeit
nur in der Hauptsache übereinkömmt, so auch das
Gebet! — „Dies diem docet" Hr. J. Gr.! Diese
Nichtübereinstimmung habe ich den meisten jener
Herrn allenthalben mit ebendem Satze „Dies diem
docet!" und mit der Thatsache erklärt, dass ich
von der, der Symmetrie zu Liebe unrichtigen
Aufstellung der Basreliefs C—E beirrt, auch
Irriges zum Vorschein gebracht habe! — Erst
nachdem ich nach langem Suchen endlich gefunden,
dass Rel. C, trotz dem dazwischenstehenden Rel. D
zu Rel. E gehöre und mit diesem ein Ganzes bilde,

d. h. dass also das Ende der Zeile von C nicht zum Anfange der folg. Zeile desselben C zurückkehre, sondern über D hinweg durch den in 2 Hälften getrennten Lebensbaum hindurch zu E hinüber zu lesen sei, d. h. dass die nun um die Hälfte verlängerten Keilzeilen auch eine andere Lesung und Erklärung der Gruppen bedingten, — erst jetzt hatte ich jenen festen Erklärungsboden, von dem Sie in der Süddeutschen Presse[18]) lesen können, erst jetzt war ich meiner Seits frei von jenem Irrtum, der Ihrerseits bis zur Evidenz beweist, dass Sie die hiesigen Inschriften selbst nie gesehen oder nicht verstanden haben, Hr. J. Gr.! denn wie konnten Sie diesen Missstand an ihnen bei Ihrer angeblichen[1]) Ueberlegenheit übersehen: dass auf den Ihnen zugesendeten Copien die Zeilen der Inschriften C—E von ersterer zur letzteren hinüberlaufen? — 19) Hiezu, d. h. zu Ihrem Irrtume kömmt noch meine, zwar nicht unerklärliche, aber für Sie auch nicht ungefährliche Schweigsamkeit in den Dingen unsers assyr. Saales und seines Inhaltes! Eine Schweigsamkeit, die Sie in jenem[1]) Ihrem Irrtume noch bestärkt und jenes[1]) Ihr Urteil fertig gemacht hat! — 20) Und im Vertrauen auf ein solches Urteil haben Sie sich denn beeilt, Ihre angebliche[19]) Uebersetzung[20]) der Zürcher Inschrift namentlich auch hier zu verbreiten, — und zwar 21) bei den hohen und höchsten Stellen: in den beiden k. Cabineten[21]), bei dem k. Cultusministerium[22]), an der k. Akademie der Wissenschaften[23]), auf der k. H.- und St.-Bibliothek[24]), an zwei Gelehrte (deux Savans) der k. Universität[25]), und an

Hrn. Graf Quadt-Isny's Erlaucht[26]). — 22) Dass Sie hiebei nicht verfehlt haben Ihre Arbeit auf Kosten der meinigen, besonders auf Grund des Sargon[5])gebetes[5]) hervorzuheben, dies nähme ich Ihnen nicht einmal übel, hätte Ihr Vordrängen, Hr. J. Gr.! auf das Gutachten des akademischen Referenten, des gelehrten Sanscritologen Dr. M. Haug beim Cultusministerium und in den beiden hohen Cabineten nicht doch einigen, für meine langjährigen sprachwissenschaftlichen Bestrebungen hinderlichen Einfluss geübt. — 23) Sie haben jenes Ihr Verfahren gegen mich und diesen Moment hiezu, ehe meine Erklärung der Münchner Inschriften veröffentlicht war, eben für à propos gehalten, Hr. Trésorier! mit Erfolg auf einen b. Orden für sich und auf ein Aemtchen in bayerischen Diensten für Ihren Hrn. Sohn, wie ich höre, auf meine Kosten zu speculiren. — 24. Jenes Ihr kühnes Gebaren, das nicht schöne und das nicht edle Vordrängen Ihrer, eines Ausländers Arbeit bei Staatsmännern, deren Beruf und Pflicht es doch wol ist, des Landeskindes zuerst und tunlichst sich anzunehmen, und an einem Orte, wo, wie Sie sehr wol gewusst, die meinige erscheinen sollte; dann 25) Ihre, diesem Gebaren vorangehenden Bitten, Fragen, Versprechen; Ihre Empfindsamkeit auf die Aufforderung, das Versprochene auch halten zu wollen; Ihre Drohungen und Absagebriefe, Hr. J. Gr.! — sollten sie mich nicht bedenklich machen? Durfte ich unter so bewandten Dingen — 26) Ihre, wie oben[27]) erwähnt, mir zugesendete Geldbeilage — eine kränkende Ablohnung! sammt dem Exemplare Ihrer Zürcher Uebersetzung annehmen? — annehmen? Hr. J. Gr.!

nachdem Sie vorher, diese, wie ebenfalls schon erwähnt[26]), hier verbreitet — und zwar in einer mir nichts weniger als wolwollenden Art und Weise verbreitet hatten! Und wie haben Sie meine Zurücksendung Ihres Geldes aufgenommen? — 27) Vorausgehend folgte zunächst ein verdeckter Angriff auf meine Arbeit mit zweideutigem Lobe gewürzt — in der A. A. Z.[29]) — mir zuerst durch Herrn Professor Vic. Dr. X. Richter, dann durch Hrn. Universitätsprof. Dr. Lauth mitgeteilt und durch den Bankbeamten und Landtagsabgeordneten Hrn. Dr. Adler bestätigt; — hierauf 28) stille Umtriebe in Ihren hiesigen Freundeskreisen, die im eben erwähnten Augsb. Z. Artikel ihren Ausdruck gefunden hatten; dann lautes Gerede in den hiesigen Gelehrtenkreisen, das sogar bis nach Helgoland wiederhallte[29]) und zuletzt öffentliche Verdächtigungen: Zuerst „was Gaugengigl herausgebracht, ist Grivels Verdienst"; sodann, nach meiner Augsburger Erklärung[30]) der hinkende Bote: „was Gaugengigl denn doch selbst herausgebracht, ist alles verfehlt[31])!" Beides sollte die möglichstweite Verbreitung erhalten — durch die A. A. Z.; 30) doch hierin hatte man sich verrechnet — und abermals geirrt! denn 31) erst nachdem ich mittels Artikels in der Südd. Presse[32]), und zwar durch eine Anspielung meines hochgeschätzten Lehrers, des k. Universitätsprofessors Dr. L. Spengl veranlasst, selbst wieder Veranlassung dazu gegeben, hat der Chefredacteur der genannten Zeitung, Herr Dr. Altenhöfer sich veranlasst gesehen, aus seiner allerdings dankenswerten Schweigsamkeit herauszutreten und von Ihren zwei Artikeln gegen mich, den vom September 1868 (?) am 7. Mai 1869 zu bringen. — 32) Meine Erklärung hierauf kennen Sie doch wol, Hr. J. Gr.? — 33) Weder Sie noch einer Ihrer zahlreichen hiesigen Freunde hat darauf, wiewol dringend dazu aufgefordert, erwidert. — 34) Ihr in einem hiesigen[33]) Blatt angedrohter Essay ist bis heute noch nicht erschienen! — 35) Dagegen haben Sie nun meine Keil-Arbeit vor sich, Hr. J. Gr.! — Keile sind allerdings ein niederschlagendes Mittel, Hr. J. Gr.! Sie brauchen sich davor aber eben nicht zu fürchten; vielmehr werden Sie an mir den Deutschen, d. h. den Mann, der lieber Unrecht leidet[33]) als tut[33]), erkennen, Hr. J. Gr.! — 36) Bei der nun notwendigen Darlegung der Verhältnisse Ihrer Züricher Uebersetzung und dieser meiner Münchner Erklärung muss nochmal darauf aufmerksam gemacht werden, dass Sie die Münchner Inschriften gar nie gesehen haben konnten oder aber sich dabei stark versehen haben mussten[34]) und dass ich, zufolge Ihrer Absagebriefe[35]) u. im Betreffe Ihrer Antwort vom 7. und meiner bisher erfolglosen Erklärung darauf vom 18. Mai 1869[1]), mich nun nicht mehr an Sie wenden kann, sondern an jene ehrenwerten Mitglieder der hohen k. Akademie der Wissenschaften und an jene Herrn überhaupt, welche von meiner Arbeit Kenntnis zu nehmen die Gewogenheit hatten, mich wenden und sie bitten muss, mir, gegenüber Ihren kühnen Behauptungen[36]) „— que les inscriptions des Basreliefs (de la Glyptothcque) de Munich contiennent rien autre chose (?) que des passages isolés et mutilés —" auf Nachstehendes und zwar zunächst im Interesse des assyr. Saales

und seines kostbaren Inhaltes[37]) achten zu wollen:
a) Nach Dr. Brunns Messung[38]) sind die grössern
(5) „h. 2,36 Meter; br. 1,38—1.49; die zwei kleinern (C—E) h. 1,04; br. 1,07; b) keine der 137[39])
Zeilen ist, wie der Augenschein zeigt, „verstümmelt
(mutilés), c) keine isolirt (isolés); d) alle aber sind,
mit Ausnahme der auf Relief G gleich lang[40]),
e) also auch, wolgemerkt, Hr. J. Gr.! von gleichumfassenden Inhalt; f) meine in II abgedruckte
Erklärung ist der Hauptsache nach und mit Ausnahme der Stelle in IV. Beleuchtung[41]) dieselbe,
welche ich der hohen k. Akademie der Wissenschatten zur Beurteilung und zur Begutachtung
mit Erfolg vorzulegen die Ehre gehabt hatte. —

Ein flüchtiger Einblick und ein oberflächlicher
Vergleich der Zürcher Uebersetzung mit der Münchener Erklärung zeigt augenblicklich den grossen
Unterschied zwischen Beiden.

Eine nähere Betrachtung, namentlich der Beweisstellen zu II. Erklärung der Inschriften stellt
klar, dass hauptsächlich Joseph Grivels mangelhafte
Sprachenkenntnisse es waren[42]), die ihn behindert
haben, in vielen Fällen die richtige[43]) und contextmässige[44]) Lesung jeder einzelnen der polyphonen[45])
Keilgruppen herauszufinden, und dass er in mehreren Fällen[45]) gar nicht in der Lage gewesen ist,
die glücklich[45]) herausgefundene Keillesung auch
richtig[46]) anzuwenden und richtig in ihre grammatischen Verhältnisse einzuordnen[47]), d. h. die
einzelnen, in den verschiedenen Keilgruppen verschiedentlich zum Ausdruck gebrachten phonetischen[48][49]) Elemente zu jenen assyrischen Wörtern
zusammenzufügen, welche der Context der In-

schriften[50]) und der Geist der Sprache[51]) Sardanapals III. eben verlangt. —

Das soeben, jedoch nur andeutungsweise blosgelegte[52]) Unwissenschaftliche[53]) und Wertlose[53]) an der Grivelschen Uebersetzung der Zürcher Inschrift hat jedoch den negativen Wert, einerseits gerade die wichtigste aber auch die schattenreichste Seite des Keillesens richtig zu beleuchten, d. h. das Mangelhafte seines, so zu sagen, in der Luft schwebenden Principes, das — wenn auch noch so geistreiche Rathen[54]) und Tasten[54]) mit seinen bodenlosen[55]) Ergebnissen in das rechte[56]) Licht zu stellen; während anderseits in der Münchener Erklärung die lichtvollste[57]), aber auch die schwierigste[58]) Seite des Keillesens, ein vollkommenes[59]), auf festem Boden ruhendes[59]), von allem Tasten und Rathen freies[59]) Princip mit feststehenden Ergebnissen[59]), durch den Grivelschen Gegensatz verstärkt an den Tag tritt.

Dieses Princip: 1. Zerlegung der Keilgruppen in ihre einzelnen Keile[60]); 2. hiedurch mögliche Zurückführung der assyrischen Keilgruppen auf ihre ursprünglichen, altchaldäischen Keilbilder[61]); 3. Erklärung des Keilbildes durch den ihm zur Seite stehenden altturanischen Wortlaut[62]); 4. Uebersetzung der altturan. Wörter in das Assyrische[63]) und Rückübersetzung der assyr. Wörter in das Altturanische ist es, was ich für mich als mein geistiges Eigenthum in Anspruch[64]) nehme und worauf ich hiemit die Aufmerksamkeit der angerufenen Gelehrten der k. Akademie der Wissenschaften in gebührender Bescheidenheit hingelenkt haben möchte!

Die vorliegende Arbeit, das Ergebniss vieljähriger[60]) so uneigennütziger[65]) als redlicher[66]) so anstrengender[67]) als ausdauernder[68]) sprachwissenschaftlicher Studien ist die beste Gewähr meines Principes. Sie thut auch dar, wie unabhängig[69]), selbstständig[70]) und grundverschieden[71]) die Münchener Erklärung[72]) von der Freiburger Uebersetzung[73]) ist und stellt endlich den angerufenen Gelehrten die Antwort auf die Frage klar[74]):
Welchen Antheil jene an dieser habe?

---

1) A. A. Z. 7. Mai 1869. — 2) I. Anmerkung 70ᵃ ᵇ, 88ᵇ. — 3) Vorr. IV. Beleucht. — 4) Ihr 1. Brief. — 5) B. Zeit. No. 163 u. 249. — 6) V. 21. Dezemb. 1866! — 7) Sept. 1867! — 8) Abs(atz) 26. — 9) A. A Z. 18. Jan. 1869. — 10) Abs. 36, No. 7! — 11) Brief 6! — 12) Br. 7! — 13) I. d. letzt. Ihr. 7 Br.! — 14) Zwei Ideogramme, die diesen Namen bildlich darstellen; Ideogr. 1: altchald. Bild 1: „Bienenkönigin" „König" überhpt.; Aussp. alttur. „ssar" (mongol. ssaraku*) „dschar" „dsar" (mandschu: dscharambi [wovon das altruss. Zar, Beschützer, Nährer, Vater; also nicht gek. v. Caesar!]); das gleichlaut. u. gleichbedeut. altsem. od. assyr. sar kömmt v. sarar (Oppert: grande Inscript. Khorsab: 36mal: dominatus etc. est); Ideogr. 2: altchald. Doppelbild für den abstr. Begr. „ens, existens" „verus"; alttur. Ausspr. „du, dur" (mongol. „duku" esse, existere etc, mandsch. dumbi, existere, esse* etc.) „Dur", gek. „du" sind gebild. wie die uralt. partic. form. des practerit. sanscrit „sat" (v. as, esse,) verus; „wahr — var st. vas (v. visan esse) verus; „verus st. vesus [wahr]" (v. fu = bhu esse). Das Doppelb. für „du" ist zusammengesetzt aus dem altchald. Bild f. Stern — Licht, hell; Himmel, Gott etc. u. aus dem altchald. B. für „fest": 2 gegeneinand. gekehrte Nägel; daher auch Ideogramm für den Gott „Bil, Baal", Befestiger, Begründer": Rawl. II. 242 — u. „Starker, Herr etc." — L. c. I 148 ff. — Dieses alttur. Wort „du, verus" lautet in der altsem. oder assyr. Uebersetzung „kin", aus „kuïn"

---

*) Erschlossen! —

existens. verus (v. kan, esse, existere etc.) so dass also weder das alttur. Ssar-du (Dsar-du) noch seine assyr. Uebersetz. Sar-kin „roi de fait:" Oppert. Exped. II. 328; bes. Inscript. des Sargonides, 8, oder „the king de facto": Rawl. L. c. II. 408 ff., sondern „rex verus", als Usurpator gegenüber dem verjagt. legitimen K. sozusagen forcirt: „rechter König" heisst. — 15) Abs. 18! — 16) I. Erkl des Saales, S. 11. No. XX et pass. — 17) Erkl. d. Saal No. XV. S. 7, f.; No XVI. S. 8 ff.! — 18) No. 99—100, 1869! — 19) IV. Beleucht. S. 35, bes. 36! — 20) Abs. 9! -- 21) Die Hrn. Cabinet-Secret. v. Lipowski, Hüther u. Eisenhart. — 22) Hrn. v. Gressers Excellenz u. Hrn. Ministerialrath, Generalsecretär von Bezold. — 23) Hrn. Präsidenten Bar. v. Liebig. — 24) Dr. v. Halm. — 25) Dr. Martin Haug u. Dr. Lauth. — 26) Wie ich durch die Güte des Custos der k. H.- u. St.-Bibliothek, Hrn. Lammerer erfuhr. — 27) Abs. 7, 8! — 28) Abs. 20! — 29) Durch meinen Freund Dr. Rast mitgeteilt. — 30) V. 19. Mai 1869! — 31) Durch Hrn. Grosshändler Grathwohl gütigst mitgeteilt! — 32) No. 99—100, 1869! — 33) Südd. Presse. — 33) Als Beleg hiefür eine kurze Geschichte: Ich war zum Beamten, nicht zu einem sogen. Volontär in der k. H.- u. St.-Bibliothek — und zwar nach allerhöchstem Decret v. Juli 1856 bestimmt. Als ich nun nach dem Willen des Vorstandes der k. Anstalt Dr. Halm u. des Cultusminister v. Zwehl eintreten sollte, hat sich ein literarischer Turko, der bekannte, nun verst. Scriptor, Dr. Glück gegen mich erhoben. In seiner Schmähschrift erweist er mir ungefähr dieselben Ehren — No. 9 der südd. Buchh. Z. v. 1857 — wie Sie in Ihrer Antwort! — nur nach seiner Weise, Hr. J. Gr.! aber mit ähnlichem Erfolge: der so Geehrte ward — einfach nicht aufgenommen d. h. von seinem langerstrebten Ziele zurückgeschlagen! Auch die sonstigen Umstände sind dieselben: Glück war um sein Avancement, Sie um Ihren ambitionirten Orden etc. besorgt. — Jener hat eine meiner Arbeiten wie Sie, Hr. J. Gr.! mit Hilfe eines Freundes arg misshandelt, u. um mit Erfolg gegen mich einzunehmen, sich sogar erlaubt, die Arbeit eines Dritten herbeizuziehen u. diese unter Weglassung der Namensunterschrift desselben als die meinige zu behandeln — u. wie! Wie nennt man dies? Hr. J. Gr.! Sie haben die Ihrige nach der Oppertschen Erklärung des berühmten Menolithes Sardanapals III. gefertigt, wie Dr. Schrader nicht ich, wolgemerkt, Hr. J. Gr.! in der Deutsch-Morgenl. Z. Schrift behauptet — S. IV. Beleucht. S. 35--36! — u. sie sodann bei den oben bezeichn. hohen u. höchsten Stellen daher vorgelegt. — Nur in einem Puncte besteht zwischen Ihnen u. Hrn Glück ein Unterschied: Sie drohen mir mit einer Klage; Hr. Glück hätte mit einer Klage verfolgt werden sollen. Wenn solches gegen diesen nicht geschah u. gegen Sie nicht geschieht, so mögen Sie die fast sträfliche deutsche Gutmütigkeit erkennen! — 34) Abs. 18. — 35) Die 2 letz. Ihrer Br! — 36) Brief 6. -- 37) IV. Beleucht. — 38) Beschr. der Glypt. S. 13. — 39) Auf S. 15 v. I Erklär. des Saales: 111 Zeilen; diese Verschiedenheit erklärt sich dadurch, dass dort die 2 Reliefszeilen als Ein Ganzes gezählt sind. — 40) I. Erkl. des S. Anm. 70$^{a\ b}$ u. 88^b. — 41) Warum diese allein abweiche, dürfte unschwer zu errathen sein — für den Unbefangenen! Für Sie, Herr Joseph Grivel! sei aber hier bemerkt, dass die von Ihnen befolgten Grundsätze der Assyriologie — A. A. Z. 7. Mai 1869 — keine „Grundsätze" sondern ein „Tasten u. Rathen" sind — Südd. Presse. No. 99—100, 1869 — (Schluss!). Beweise ausser den zahlreichen Belegen in den Anm. zu II: Die 3 Gruppen für den Namen Sardanapal werden von den Keillesern z. B. auf 9fache Art u. Weise ausgesprochen, d. h. doch zu errathen gesucht, Herr Joseph Grivel? Und doch kann nur Eine die richtige sein. — Auf diese führen aber nicht die bekannten Aussprechweisen der Gruppen, sondern nur u. allein die Begriffsträger. die ideographischen Gruppenbilder: z. B. „Beil" für den Begriff „bauen" u „Wassertropfen" für den Begriff „Sohn", nach Analogie des semitischen Wortes „Ben" (filius) v. banah (aedificavit) u. des gotischen „sunus" (filius) von der Sanscritwurzel „su" (stillare, tröpfeln etc.), u. zwar entspricht dem semit. banah das assyr. dana (numerosus, fortis fuit; fortificavit etc.): semit. danah u. danan (susurravit, numeravit*; numerosus* etc. fuit*); welches assyr. dana wieder nur Uebersetzung des altchaldäischen Bilderbegriffes „Beil, Axt" u. des altturan. Wortbegriffes „kur" (Mong. kuruku* mandsch. kurumbi* etc.) „bauen, zerstören, etc." ist, u. zwar wieder nach der semit. Analogie: banah, er hat einen Sohn bekommen od. verloren etc. — IV. Beleucht. S. 35, 36; Anm. — Ihr Wortlaut „nadsir" dagegen in Assur-nasir-habal (sollte lauten Assur-nudsir — habla = Aschschur custodiens filium. Vrgl. II. Anm. 145^b: Schalma-nudsir) widerspricht geradeso dem Begriff des altchaldäisch. Keilbildes „Beil, Axt" u. dem des alttur. Wortlautes „kur" (aedificavit, fortificavit etc), wie diese Begriffe „Beil, Axt" „bauen" „zerstören" etc. dem Sinne des assyr. Wortlautes „custódiens etc fuit*)" entgegen sind; ferner, der Wortlaut Ihrer Namensform Assur nasir habal führt von der uns durch die römisch. u. griechischen Classiker überlieferten historischen Namensform Sardanapalus, Σαρδανάπαλος weit ab, anstatt ihn zu identificiren, Hr. J. Gr.! während der Wortlaut in Aschschur-danahabla mittels Durchgangs durch die Form Schur-danaabla = Sardanâbal**) geradezu auf die Form Sardanāpalus**) führt u. noch dazu den griechischen Accent von Σαρδανάπαλος***) erklärt. Vorr. 4, f.! — 42) In seinen Briefen macht Herr Jos. Grivel Verstösse gegen seine Mutter- d. h. französ. Sprache, in der lat. Uebersetzung gegen die lat. Sprache: „la" groupe st. „le" groupe; „vixi" st. vici, etc. — eine Kleinigkeit übrigens, womit man dem gelehrten Herrn nicht nahe treten will. — 4) Vrgl. II. Erk. der Inschr. bes. die zahlreichen Beweisstellen! — 44) Z. B. „nisit" (pupilla) st. des richtigen naschiku (osculans fuit: Keilbild der Zunge mit der Spitze gegen das des Mundes hingehalten); ein Fehler, der um so auffallender u. inconsequenter erscheint, da die ganz nahestehende u. ganz gleiche Gruppe als Ideogramm behandelt, aber freilich als solches auch falsch (Vicarius) übersetzt ist. Vrgl. II. Erkl. der Inschr. Anm. 22, 25! — 45) Z. B. sar ra-b-i (rex magni) sar da-n-ni (rex potentis) st. des richtigen sarri rabi (regis magni) sarri danni (regis potentis) — p. 1, Z. 3 u. 4 v. unt., ein Fehler, der leicht zu vermeiden gewesen wäre, da 2 Z. oberhalb der Nom. S. sarru dannu (rex potens) „exponirt" steht. — 45) = 43. — 46) Z. B. sa := ex st. des richt. qqq: p. 7, Z. 2 v. unt.; sa == ejus st. des richtig. qqq (cunque): p. 8, Z. 3 v. ob. — et sic passim! 47) Der Expon. für den Gen. 5. „i" ist wiederholt unrichtig angewendet u. zwar als

---

*) Wofür in der Keilschrift das altchald.-chines. Bild des Hundes u. das alttur. Wort „ur" (= wur vrgl. IV. Beleucht. S. 35, 36, u. Anm.) gebraucht u. dies mit dem assyr. „ur" (Incescens, vigil, custódiens etc. fuit) übersetzt sein müsste, Hr. J. Gr.!

**) Wegen des Wechsels der media „b" mit der tenuis „p" ist „Βασιλεις" mit „Pakidi-Arāthi" zu vergleichen.

***) Assyr. „u" wird in den class. Spr. „a" Urum = Aram, Urart = Ararat etc. etc.

das Zeich. des Plur. st. als Ideogramm; ein Fehler, der um
so mehr auffällt, weil das stereotype Pluralzeichen ohnehin
gebraucht ist, also sogar 2 Pluralz. nacheinander grundfalsch
angewendet sind. — 48) — schu*) (sfx 3. Pers. S: ejus [arab
= hu] zum vorausgehenden Wort „siquru" = „siq'ru"
[reflexus — ejus] gehörig), ist falsch erklärt u. fälschlich zum
nachfolgenden Wort — kari: su-kari" eingeordnet — u. so in
der That — ins Unzählige! Vom stat. constructus, z. B. od.
vom stat. emphaticus u. ihrer Behandlung u. Anwendung — nicht
den Schein des Verständnisses! — Vrgl. IV. Beleucht. die
hebräisch geschriebene assyr. Textstelle u. ihre Erklärung! —
49) Oppert: Exped. Mesopot. II. 107 ff. — 50) == 47! —
51) 52) Ménant: Exposé de la gram. assyrienne — ein ver-
dienstvolles, aber vielfach zu berichtigendes Werk! — 52)
Ebenso die beiden Oppertschen Werke über die assyr. Sprache:
„Dies diem docet!" — 53) Vrgl. Abs. 9! Das Ausführliche in
dem in der Vorrede angekündigten Werke. — 54) Vrgl. Vorr.
No. 3; II. Erkl. der Inschr., bes. die Anmerk. — 55) Vrgl.
Inscript. cuneif. de Zürich etc. — 56) Vrgl. IV. Beleucht.,
bes. S. 31 v. No. X an! — 57) Vrgl. II. Erkl der Inschr.
S. 17—25; III. Beschr. des Pal. etc. — 58) Vrgl. B. Z No.
163 u 249, 1867; Südd. Presse No. 99—100, 1869; die Anm.
zu II. Erkl. der Insch. etc.! — 59) Nur erzielbar, wenn das
Bild durch's Wort u. das Wort durch's Bild erklärt ist; denn
diese sind es, die vereint — nie fehlen können, während man
nach den Rawlinson-Oppertschen Principien fehlen muss, wie
diese Herrn selbst sagen — vrgl. Vorr. No. 3 u. bes. Abs. 14,
Anm. 14[b]! — 60) Vrgl. IV. Beleucht. S. 35, 36, Anm. u.
bes. Abs 14, Anm. 14[b]. — 61) Z. B. der assyr. Gruppe für
Deus auf das altchald. Sternbild etc. — 62) Z. B. des assyr.
Il (Deus) durch das altturan. Originalw. An ([Syrjen. En]
deus**). — 63) Z. B. Alttur. Ku-Khi (custos terrae) in das

---

*) Diese Sfxform steht nur nach einem Vocal; während
nach einem Conson. die Form — „su" gebraucht wird, u. ist
nebenbei bemerkt, einer der wirksamsten gramm. Exponenten etc.!
**) Erhalten in den finisch-tatarischen Sprachen; Türk.
Tangri; Mong. Tengri; Japan.-Chines. Tenri, Tien li; Ungar.
Irten (h. z. t. isten [spr. ischten]) = ta-An-ri; te-En-ri; ta-
Yan-li, te-Yen-ri, ir-te-En, welche alle ungefähr „haltend-den
Stern-der, od. aber „Grosse-Sternen-Kraft" etc. u. Aehnl. be-
sagen. — S. ausführl. Erklärung!

assyr. Pakidi-Arathi (custodes terrae); das alttur. An-jap (deus ambulans [Annap]) in das assyr. Al-schur (deus ambiens [Aschschur]) u. bes. Abs. 14, Anm. 14^b, et sic in infinitum!*) — 64) Südd. Presse No. 99—100, 1869, bes. Schluss! — 65) Vrgl. Abs. 6, 17; 22—26. — 66) Vrgl. Abs. 2, 3 u. bes. 17, 18, dann Südd. Pr. No. ' 9! — 67) Durch das Handhaben der schweren Bücher habe ich mir sogar ein körperliches Gebrechen zugezogen. — 68) Vrgl. Abs. 6, bes. aber Abs. 18! — 69—71) Was alles aus dem innern Zusammenhang der 4 Abhandlungen ersichtlich ist. — 72) Vrgl. bes. II. Erkl. der Inschr. — 73) Vrgl. die „Inscript. cuneif. de Zürich" u. Abs. 9! — 74) In dem Schwanken zwischen dem Ja! oder — Nein! auf obige Frage lag eben das fatale Moment für den Erfolg meiner Sprachstudien, wovon die Vorlagen sozusagen nur — Abfälle vom Fachstudium: die Wissenschaft der Sprachen sind!

---

*) Das ist keine Uebertreibung! Vielmehr tritt sogar das Streben der Assyrier auf den gramm. Tafeln Sardanapals V. sichtbar hervor, wo thunlich, aus ihrem Wortschatze mit den zu übersetzenden alttur. Wörtern möglichst gleichlautende Formen auszuwählen; z. B. alttur. „ur" ist mit altsemit. od. assyr. „ur", altturan. „ssar, dsar, dschar" mit altsemit. od. assyr. „sar" wiedergegeben, etc. —

Nachtr. zu 1. auf S. 70: „... wobei ganz bes. auf die verlängert. od. verkürzt. Keile, je nach dem Raume, analog den hebr. Buchstab., u. auf die, der Decoration zu liebe mehr od. weniger schiefe od. gerade Stellung derselben zu achten ist; ein Beispiel hievon bietet die Inschrift i. d. Gruppe für „ina sanri": S. 36, Anm." —